신화의 섬

제주
문화
찾아가기

전국 방방곡곡을 돌아다니면서 문화유산과 만난다.

진기한 이야기를 듣고 좋은 시를 읊으면서 마음을 깨우친다.

놀라운 유형문화재를 차근차근 구경하면서 안목을 새롭게 한다.

기대 이상으로 진기한 맛집에서 입을 즐겁게 한다.

한국문화총서

신화의 섬 제주

문화 찾아가기

조동일 · 허 균 · 이은숙

푸른사상
PRUNSASANG

제주로 가자

헛된 생각 쓰레기를 과감하게 버리려면,
지금은 제주라는 청정 탐라 찾아가자.
배 타고 바다 건너야 멀리 간 줄 알리라.

다도해 각색 섬들 마음의 기쁜 소리,
한라산 한 봉우리 혼백의 깊은 울림.
먼 곳과 가까운 곳이 따로 놀다 겹친다.

승천 비약 좌절 겪고 머리만 돌이 되어,
오랜 인고 용두암은 아직도 정정하다.
실패가 두렵지 않은 가능성을 말해준다.

정방폭포 바다로 거침없이 뛰어내려
뭍과 물, 높고 낮은 경계를 아주 없애,
잘못해 굳은 편견을 단칼에 제거한다.

백두산만 영산인가, 한라산도 영산이다.
한라산은 오염 모르고 언제나 성스러워,

여기서 도를 닦으면 깨달음이 바로 온다.

설문대할망 거대 자취 곳곳에서 보이고,
탐라국의 오랜 내력 굿에서 살아 있어,
모르고 안다 한 소리 부끄럽게 만든다.

변시지 화백의 숨은 그림 찾아보라.
고뇌가 각성이고, 시련이 환희임을
고금의 누구보다도 더욱 분명 알려준다.

산에서는 산신이 바다에서는 용왕이
다투어 바치는 무엇이든 잘도 다듬어
세상 밖 산해진미의 진수를 맛보란다.

2025년 2월
저자 대표 조동일

제주 알기 신화부터 시가까지

제주 즐기기 독특한 음식문화의 향연

추자도

우도

구좌읍

조천읍

제주시

비양도

애월읍

성산읍

한림읍

표선면

차귀도

한경면

한라산

남원읍

안덕면

중문

서귀포시

대정읍

가파도

마라도

濟州

　국토 남쪽 바다에 있다. 한라산(漢拏山)이 중앙에 솟아 있는 화산섬이다. 마라도(馬羅島), 가파도(加波島), 우도(牛島) 등의 부속 도서가 있다. 추자도(楸子島)도 제주에 속한다. 성산일출봉(城山日出峰), 산방산(山房山) 등의 바위산 경치가 빼어나다. 오름이라는 이름의 기생화산이 아주 많다. 화산섬과 용암 동굴이 유네스코 세계 자연유산으로 지정되었다. 고량부(高梁夫) 삼성의 시조가 땅에서 솟아나 나라를 세운 신화가 전한다. 탐라국(眈羅國)이라는 독립국이었다가 백제에 합병되었다. 마을마다 신당이 있고, 마을마다 당집이 있고 신방(神房)이라고 하는 무당이 굿을 하면서 당신(堂神)의 내력을 노래한다. 칠머리당 영등굿과 제주해녀문화는 유네스코 세계 무형문화유산으로 지정되었다. 특별자치도가 되었다.

Jeju

제주
알기

신화부터 시가까지

옛 사람들이 남긴 말

중국에 제주를 알린 시

탐라(耽羅)

가물가물 한 점 한라산이
만경창파 아득한 속 멀리 있네.
사람이 별빛을 띠고 바다 나라에서 오고.
말은 용의 씨를 낳아 하늘 우리로 든다.
치우친 땅이지만 백성은 생업이 있고,
바람 편에 장사배가 간신히 오간다.
성대의 직방에서 지도를 다시 새길 때
이 고장 누추해도 부디 빼놓지 마소서.

권근(權近)

蒼蒼一點漢羅山
遠在洪濤浩渺間
人動星芒來海國
馬生龍種入天閑
地偏民業猶生遂
風便商帆僅往還
聖代職方修版籍
此方雖陋不須刪

• 중국에게 명나라 태조의 시에 응답하면서 조선을 알린 시의 하나이다. 작자의 자주(自註)에 "옛날 탐라 사람이 신라에 내조(來朝)할 때 객성(客星)의 응(應)이 있었으므로 나왕(羅王)이 기뻐 성자(星子)란 호를 주었다"고 했다. "職方"은 천하의 지도를 담당하고 조공을 주관하는 관원이다. 제주도를 무시하지 말고 지도에 넣으라고 했다.

신비스러운 섬, 제주

제주에서(濟州題詠)

눈 가득한 꽃 사이에서 비취새가 울고,
서리 깊은 울타리에 감귤이 노랗게 익었다.
봉래산 구름이 걷히니 오잠이 가깝고
동방에 해는 떠올라 바다 기운에 잠긴다.

서거정(徐居正)

雪滿花間鳴翠鳥
霜深籬落熟黃柑
雲開蓬島鰲岑近
日出扶桑海氣涵

• "봉래산"은 한라산이 신선이 사는 산이라고 하는 말이다. "오잠"은 큰
거북 모양을 한 봉우리이며, 근처의 섬을 신비스럽게 일컫는 말이다.

제주에 대한 최상의 소개, 「탁라가」14수

그 외에 김종직(金宗直)도 「탁라가(乇羅歌)」라는 작품을 남겼다. 서두에
설명이 있다.

> 을유년 이월 이십 팔일에 직산의 성환역에서 묵는데, 제주에서 약물을
> 진공하러 온 김극수라는 사람도 왔다. 밤에 이야기를 나누면서 그곳의 풍
> 토와 물산을 대략 물어보고 마침내 그 말을 기록하여 탁라가 십사 수를 짓
> 다.
> (乙酉二月二十八日 宿稷山之成歡驛 濟州貢藥人金克修亦來 因夜話略 問風土物産
> 遂錄其言 爲賦乇羅歌十四首)

• 제주 사람이 제주에 대해서 많이 알고 이야기를 잘했는데, 듣고 적은
사람의 총기도 대단하다. 제주도에 대한 최상의 소개라고 할 수 있다. "乇
羅"는 탐라와 같은 말이다.

여관서 처음 만났어도 서로 친한 사이 같은데,　　郵亭相揖若相親
겹겹 보자기에 싼 갖가지 약물 진기하구나.　　包重般般藥物珍
옷에 비린내 나고 말은 알아듣기 어려우니,　　衣袖帶腥言語澁
보건대 그대는 진정으로 바다 안 사람이다.　　看君眞是海中人

• 언어가 난삽해도 알아듣고 제주가 어떤 곳인지 알아냈다.

당초의 세 사람이 바로 신인인데,　　當初鼎立是神人
짝을 지어 해 뜨는 동쪽에 와서 살았다.　　伉儷來從日出濱
백세토록 세 성씨만 서로 혼인을 한다 하니,　　百世婚姻只三姓
듣건대 그 유풍이 주진촌과 비슷하구나.　　遺風見說似朱陳

• "주진촌"은 옛날 중국 서주(徐州)에 있던 마을인데, 주씨와 진씨만이 살면서 대대로 통혼하고 서로 의좋게 살았다고 한다.

성주는 이미 망하고 왕자도 끊어져　　星主已亡王子絶
신인의 사당 또한 황량하다.　　神人祠廟亦荒涼
세시에 부로들이 아직도 옛일을 추념해　　歲時父老猶追遠
광양당에서 퉁소와 북을 다투어 울린다.　　簫鼓爭陳廣壤堂

• 제주의 세습 통치자를 "성주"라고 하다가 "왕자"라고 했다. "광양당"은 유래를 자랑하는 신당이다. 『신증동국여지승람』에 이렇게 기록되어 있다. "한라산신(漢拏山神)의 아우가 나면서부터 성스러운 덕이 있었고 죽어서는 신이 되었다. 고려(高麗) 때에 송(宋)나라 호종단(胡宗旦)이 와서 이 땅을 압양(壓禳)하고 배를 타고 돌아가는데, 그 신이 매로 변화하여 돛대 머리에 날아오르더니, 이윽고 북풍이 크게 불어 호종단의 배를 쳐부숨으로

써 호종단은 끝내 비양도(飛揚島) 바위 사이에서 죽고 말았다. 그리하여 조정에서 그 신의 신령함을 포창하여 식읍(食邑)을 주고 광양왕(廣壤王)을 봉하고 나서 해마다 향(香)과 폐백을 내려 제사하였고, 본조(本朝)에서는 본읍(本邑)으로 하여금 제사지내게 했다."

물길이 어찌 수천 리만 되리오마는,	水路奚徒數千里
해마다 왕래해 일찍부터 잘 안단다.	年年來往飽曾諳
구름 돛을 걸고서 쏜살같이 달리면,	雲帆掛却馳如箭
하룻밤 순풍에 해남을 당도한단다.	一夜便風到海南

• 바람이 잘 불면 쉽게 오간다고 했다.

한라산의 푸른 기운 방사와 통하고,	漢拏縹氣通房駟
물풀 사이에 아침 노을 활짝 걷혔다.	雲錦離披水草間
한번 호원에서 목장을 주관한 이후로	一自胡元監牧後
준마들이 해마다 황실로 들어갔다.	驊騮歲歲入天閑

• "방사"는 거마(車馬)를 관장한다는 별 이름이다. "胡元"은 오랑캐 원나라이다.

오매며 대모이며 검은 산호에다,	烏梅玳瑁黑珊瑚
부자며 청피는 천하에 없는 것이다.	附子青皮天下無
물산이 동방의 부고일 뿐 아니라,	物産非惟東府庫
그 정수가 다 사람 살리는 데로 들어간다.	精英盡入活人須

• 여러 특산물을 열거했다.

대합조개며 해파리며 석화에다　　　　車螯海月與蠔山
농어며 문린 이외에 또 몇 가지인고.　　巨口文鱗又幾般
해 저물면 비린 연기가 시골 우물 덮고,　日暮腥煙冪鄕井
수우의 수많은 배들이 생선 싣고 돌아온다.　水虞千舶泛鮮還

• "수우"는 해산물을 관장하는 기관이다.

집집마다 귤과 유자 가을 서리에 잘 익어,　萬家橘柚飽秋霜
상자마다 가득 따 담아 바다를 건너온다.　採著筠籠渡海洋
고관이 받아서 대궐에 진상하면,　　　　大官擎向彤墀進
빛과 맛과 향기가 완연히 그대로다.　　　宛宛猶全色味香

• 옛적에도 귤이 특산품이었다.

사군의 수레와 기마대가 길을 포위하니,　使君車騎簇長圍
꿩 토끼 고라니 노루 온갖 짐승이 쓰러진다.　雉兔麋麚百族披
섬에는 곰이나 범, 표범 따위가 없어,　海島但無熊虎豹
숲에서 노숙을 해도 놀랄 일은 없다.　　林行露宿不驚疑

• "使君"은 지방관이다. 지방관이 사냥을 주도했다.

뜨락 풀밭에서 구렁이를 만나면,　　　庭除草際遇錢龍
향 피우고 비는 것이 지방 풍속이다.　祝酒焚香是土風
북쪽 사람들 놀라고 나무라고 비웃지만,　北人驚怕爭相笑
도리어 오공이 죽통에 들면 원망한다.　還怨吳公在竹筒

• 뱀을 섬기는 신앙을 말했다. "吳公"은 "蜈蚣", 즉 지네를 말한다. 지네가 대나무 통에 들어가면 불길하다고 여긴 것 같다.

좋은 집안 자제들은 태학에 공부하고,	閭閻子弟游庠序
학문으로 많은 인재 길러짐을 기뻐한다.	絃誦而今樂育多
큰 바다라 어찌 지맥이야 끊겨졌으랴,	滄海何曾斷地脈
높은 인재는 이따금 문과에도 오른다.	翹材往往擢巍科

• 제주에서도 과거 급제자가 계속 나왔다.

두무악의 위에 있는 영추의 물은,	頭無岳上靈湫水
가물어도 안 마르고 비에도 불지 않는다.	旱不能枯雨不肥
천둥 벼락과 구름이 별안간에 발생하니,	霹靂雲嵐生造次
노는 이 누가 감히 신의 위엄을 가벼이 보리.	遊人疇敢褻神威

• "두무악"은 한라산의 다른 이름이다, 사진작가 김영갑이 이 오름 촬영에 열정을 바쳐 작품을 전시하고 있는 갤러리를 "두모악"이라고 한다.

화태도의 서쪽은 물이 서로 부딪치고,	火脫島西水相擊
풍뢰를 뿜어대고 성난 파도가 하도 높아,	風雷噴薄怒濤高
아주 많이 실은 배는 비스듬히 지나가고,	萬斛海鰍傾側過
여행객의 목숨은 기러기 털처럼 가볍단다.	行人性命若鴻毛

• "화태도(禾太島)"는 전남 여수 앞바다의 섬이다. 여기서는 풍랑이 심해 생기는 수난을 말했다.

순풍 기다리며 조천관에 머무르면,	候風淹滯朝天館
처자들이 서로 만나 술잔을 권한다.	妻子相看勸酒盃
한낮에도 이슬비 부슬부슬 내리니,	日中霢霂霏霏雨
이것은 작은 고기들 숨 쉰다고 안다.	知是鰍魚噴氣來

• "朝天館"은 조천 항구에 있던 숙소이다. 거기서 대기하다가 항해를 시작했다.

곡식을 보내면서

제주는 곡식이 모자라 호남에서 가져가야 했다. 그 일을 관가에서 하면서 배가 무사히 건너가도록 기원하는 제문을 국왕 정조가 지었다.

해신에게 제사지낸다(祭海神)	정조(正祖)
천하에 큰 것은	天下之大
오직 바다뿐이다.	惟海而已
혁혁한 바다 신령	赫赫者靈
우리 남쪽 은택을 끼치네.	澤我南紀
붕새가 날고 고래가 옮겨와	鵬飛鯨徙
백성이 큰 복을 받네,	民蒙厖祉
파도가 태풍이 없어서,	不揚不颺
맑고도 잔잔하네.	淸且漣猗
섬 백성들이 굶주려,	島民阻飢
먹으려고 입 벌리니,	望哺張喉
한 고장 곡식 창고를 열어,	發魯之棠
다른 고장으로 배에 싣고 가네.	泛秦之舟

보리 황색, 쌀은 백색,	麰黃粲白
그 수가 만 섬이다.	厥數萬斛
북을 울리고 돛을 펴자.	打鼓掛帆
노를 젓는 사람 용약하라.	棹夫踴躍
점괘가 잘 나와서	龜從筮從
모두 건너기 이롭단다.	咸曰利涉
신의 은혜를 바라고,	徼惠于神
북채를 빨리 쳐라.	桴應斯捷
아침에 가서 저녁에 돌아오게,	朝去暮還
북에서 남으로 바람이 부소서,	北南其風
상서로운 술과 밥으로	吉蠲之糦
남해 해신에게 고하나이다.	以告祝融

• 제목을 다 들면「호남 곡식 제주로 운반하는 배 출발하는 날 해신에게 제사지내는 글(湖南 裝運濟州 發船日祭海神文)」이다. "發魯之棠 泛秦之舟"는 중국 노나라 당읍(棠邑)의 창고를 열어 진(秦)나라 배에 실고 간다고 중국 고사를 들어 말한 대목인데, 이해하기 쉽게 의역했다. "祝融"은 남해의 해신이다.

정조는 곡식을 보내고 다음과 같은 윤음(綸音)을 반포했다.

왕은 이르노라. 아, 너희 탐라의 대소 백성들아, 바다와 육지로 수천여 리나 되는 길을 위험을 무릅쓰고 왕래하는 데에 걸핏하면 몇 달이 걸리곤 하니, 참으로 먼 거리이다. 너희들은 거리가 멀기 때문에 내가 너희들을 소홀히 대한다고 여기지나 않는가. 먼 곳에 있어도 내 백성이고 가까운 곳에 있어도 내 백성이다. 모두가 내 백성인데 어찌 멀고 가까움이 있겠는가마는, 잊지 못하는 마음은 때로 가까운 곳의 백성보다 먼 곳의 백성에게 더

신화의 섬 제주문화 찾아가기

쏠리기도 하니, 대개 어렵고 괴로운 실상을 자주 들을 길이 없으나 들으면 문득 생각이 그리로 쏠리기 때문이다. 그러므로 귤이 소반에 올라오면 너희들이 고생하며 재배했다는 것을 생각하고, 말들이 대궐로 들어오면 너희들이 분주히 오가며 길렀다는 것을 떠올리게 된다. 매번 북풍(北風)이 몰아치고 눈발이 휘날릴 때면 공물선(貢物船)이 염려되어 뜬눈으로 잠을 이루지 못하는데, 너희들은 잊지 못하는 나의 마음을 아는가, 모르는가?

내 듣건대, 섬의 백성들이 근검하고 순박하여, 절제를 알았던 당속(唐俗)의 유풍(遺風)이 있어서 다른 고을은 따라갈 수 없다고 한다. 노인성(老人星)이 땅에서 나와 하늘을 비추자 고을마다 검버섯 핀 노인들이 술에 취하여 부축을 받은 채로 서울이 있는 곳을 바라보면서 앞다투어 축수(祝壽)하고, 자제들에게는 관장(官長)을 잘 섬기며 수고스러운 일에 종사하고 명령에 달려 나가 머리와 눈을 감싸듯이 할 것을 타이른다 한다. 또 유생과 무사, 아전들이 제각기 자신의 일에 힘쓰고, 농부·어부·장인·상인도 각기 자신의 직업을 편안히 여긴다고 한다. 그러니 풍속이 참으로 좋다고 하겠다. 다만 그 토질이 메마르고 척박하여 종횡으로 난 밭이랑에는 돌이 흙을 덮고, 높은 지대나 낮은 지대 할 것 없이 비가 많이 오는 해건 가문 해건 모두 피해를 입는다. 그래서 세 고을을 통틀어 보면 흉년이 많고 풍년은 드물어 일상적으로 필요한 물품들을 전부 사다가 쓰고 있다 하니, 너희들을 보는 나의 마음은 육지 백성들에게 견줄 바가 아니다.

지난해 1만 곡(斛)의 곡식을 보내 준 것은 부황이 든 너희들의 급한 사정을 구제한 것일 뿐이었는데, 배를 띄우는 때에 도신에게 거듭 하유하여 해신(海神)에게 복을 빌게 했더니 바람이 자고 물결이 잠잠하였으며, 돌아올 때도 그와 같았다. 봄볕이 따뜻해져서 진휼을 시작하고부터는 어느 하루도 너희들 때문에 가슴 졸이지 않는 날이 없었다. 그러다가 5월에 되어 진휼이 끝났다는 보고를 접하고서야 남쪽을 바라보며 근심하는 마음을 조금 누그러뜨릴 수 있었다.

실학자가 본 제주

제주

이익(李瀷)

　제주는 옛날에는 탐라국(耽羅國)이었다. 육지에서 970여 리에 위치하며 주위는 4백여 리가 된다. 산꼭대기는 오목하게 생기고 봉우리마다 모두 그렇다. 날씨가 활짝 개었을 때 올라가서 서남쪽을 바라보면 하늘 가에 산이 보인다. 남방에서 온 중국 상인의 말에 의하면, 그것은 송강부(松江府)의 금산(金山)이라 한다. 춘분과 추분에는 남극노인성(南極老人星)이 보인다. 산세가 험준한 것이 다른 산과 다르다. 제주는 앞쪽에서 북으로 향해 있고 대정(大靜)과 정의(旌義)는 산 뒤에 있는데 정의는 서쪽이요, 대정은 동쪽이다. 서복(徐福)과 한종(韓終)이 바다에 들어갔다는 것이 꾸며댄 말이긴 하나 그의 말이, "지부산(芝罘山)에 올라가서 신산(神山)을 바라본다"고 했다. 지부산은 동해가에 있는 것으로 시황(始皇)이 직접 올라가본 곳이다. 올라가면 바라보인다는 곳이 아마 이 산을 가리킨 듯하다. 송강의 금산은 서남쪽에 있으니 저쪽에서 이곳을 바라보면 반드시 동북이 될 것이다. 섬 안에 또 영주(瀛州)라는 이름이 있으니 이상하다.

　• 옛 사람이 제주도를 어떻게 이해했는지 알려주는 글이다. 서복(徐福)은 진시황(秦始皇) 때의 방사(方士)이다. 제주도로 불사약을 구하러 왔다고 한다. 서귀포에 서복기념관이 있다. 한종(韓終)은 전국시대의 방사이다. 한중(韓衆)이라고도 한다. 불사약을 구해 제왕(齊王)에게 바쳤으나 왕이 먹지 아니하므로 자기가 먹고 신선이 되었다고 한다. 지부산(芝罘山)은 산동성(山東省) 동래현(東萊縣)에 있다.

가마솥을 닮은 한라산

한라산

이유원(李裕元)

한라산(漢拏山)은 제주(濟州)의 남쪽 20리에 있는데 이 산에서 하늘의 운한(雲漢 은하(銀河))을 더위잡아서 끌어당길 수 있을 만큼 높다고 해서, 이와 같은 이름을 붙였다. 봉우리의 꼭대기가 모두 둥글고 평평하고 가마솥처럼 생긴 못이 있으므로, 부산(釜山)이라 하기도 한다. 세속에서 가마솥을 두무(頭無)라고 하기 때문에 또 이름을 두무산(頭無山)이라 하기도 한다. 높이 하늘에 치솟아 있으며 수백 리에 달하는 넓은 지역을 차지하고 있다. 산꼭대기에 있는 못은 그 지름이 수백 보(步)나 되는 것으로 이를 일러 백록담(白鹿潭)이라고 하는데 흰 사슴이 무리를 지어 이곳에 와서 논다고 한다. 대정현(大靜縣)을 거쳐 외줄기 조도(鳥道)를 따라서 그 절정에 오르면 남극(南極)의 노인성(老人星)을 볼 수 있다고 한다. 세상에서는 이 산을 삼신산(三神山)의 하나라고 하는데, 곧 영주산(瀛洲山)이 그것이다.

제주의 독특한 풍속

『신증동국여지승람』 제주목(濟州牧) 풍속 대목에서 말했다.

백성의 풍속이 어리석고 검소하며 예절이 있다. 백성의 풍속이 어리석고 검소하며, 또 초가가 많고 빈천한 백성들은 부엌과 온돌이 없고 땅바닥에서 자고 거처한다. 남녀가 짚신 신기를 좋아하고 방아가 없으며, 오직 여자가 손으로 나무절구에 찧는다. 등에 나무통을 짊어지고 다니고 머리에 이는 자가 없다. 잘사는 사람은 그렇지 않다. 남자나 여자나 관원을 길에서 만나면 달아나 숨고, 남자는 길옆에 엎드린다.

사투리가 난삽하다. 촌백성의 말이 난삽하며, 앞이 높고 뒤는 낮다.

밭머리에 무덤을 만든다. 상사를 마친 지 백일이면 복을 벗고 밭머리를 조금 파고 무덤을 만든다. 간혹 삼년상을 행하는 자도 있다. 풍속이 풍수지리와 점을 사용하지 않고 또 부처의 법도 쓰지 않는다.

음사(淫祀)를 숭상한다. 풍속이 음사(淫祀)를 숭상하여 산과 숲, 내와 못, 높고 낮은 언덕, 나무와 돌에 모두 신의 제사를 베푼다. 매년 정월 초하루부터 보름날까지 남녀 무당이 신의 기(旗)를 함께 받들고 경을 읽고 귀신 쫓는 놀이를 하는데 징과 북이 앞에서 인도하며 동네를 나왔다 들어갔다 하면서 다투어 재물과 곡식을 내어 제사한다. 또 2월 초하룻날 귀덕(歸德) 금녕(金寧) 등지에서는 나무 장대 열둘을 세워 신을 맞아 제사한다. 애월포(涯月浦)에 사는 사람들이 말머리 같은 것을 구해서 채색 비단으로 꾸며 말이 뛰는 놀이를 하여 신을 즐겁게 하다가 보름날이 되면 그만두는데, 그것을 연등(燃燈)이라고 한다. 이달에는 배 타는 것을 금한다. 또 봄가을로 남녀가 광양당(廣壤堂)과 차귀당(遮歸堂)에 무리로 모여 술과 고기를 나무 등걸 형상을 갖추어 신에게 제사한다. 또 그 땅에 뱀·독사·지네가 많은데 만일 회색 뱀을 보면 차귀(遮歸)의 신이라 하여 죽이지 말라고 금한다.

오래 사는 사람이 많다. 지방 사람이 질병이 적어서 일찍 죽는 사람이 없고 나이 팔구십 세에 이르는 자가 많다.

일기가 항상 따뜻하다. 봄, 여름에는 운무가 자욱하게 끼고 가을과 겨울이 되면 갠다. 초목과 곤충이 겨울을 지나도 죽지 않으며 폭풍이 자주 인다.

산에는 사나운 짐승이 없다. 호랑이·표범·곰·승냥이·이리 등 사람을 해하는 짐승이 없고, 또 여우·토끼·부엉이·까치 등속이 없다.

그물을 쓰지 않는다. 산과 바다가 험악하여 그물을 쓰지 못한다. 고기는 낚고, 짐승은 쏜다.

조리희(照里戲), 매년 8월 15일이면 남녀가 함께 모여 노래하고 춤추며

『동여비고』에 실린 옛 제주 지도

왼편 오른편으로 나누어 큰 동아줄의 두 끝을 잡아당겨 승부를 결단하는
데 동아줄이 만일 중간에 끊어져서 두 편이 땅에 자빠지면 구경하는 사람
들이 크게 웃는다. 이것을 조리(照里)의 놀이라고 한다. 이날 또 그네 뛰는
것과 닭 잡는 놀이를 한다.

　풍속이 별나고 군사는 사납고 백성은 어리석다. 권근(權近)이 목사 이원
항(李元恒)을 보내는 서(序)에, "탐라가 바다 가운데 있어 처음에 신라 때로
부터 해마다 직공(職貢)을 닦아 우리의 부속국이 되었는데, 고려 때에 제주

목을 두었고, 국가에서 그대로 하여 반드시 조정 신하 중에서 문무의 재주와 지략이 있고 위엄과 은혜가 평소에 드러난 자를 뽑아서 목사를 시킨다. 그러나 바람에 돛을 달고 바다에 떠서 아득하고 멀어서 끝이 없기 때문에 수백 리 무서운 파도와 한없이 험한 것을 건너서 도착하고 보면, 풍속은 별나고 군졸은 사납고 백성은 어리석어서 기쁠 때는 사람이지만 성내면 짐승 같아서 제어하기가 어렵다.” 하였다.

땅은 척박하고 백성은 가난하다. 고려 문종(文宗) 12년에 문하성이 아뢰기를, “탐라는 땅이 척박하고 백성이 가난하여 오직 목도(木道)질로 생활을 영위한다.” 하였다.

풍속이 야만스럽고 거리가 멀다. 정이오(鄭以吾)가 박덕공(朴德恭)을 임지로 보내는 서(序)에, “그 풍속이 야만스럽고 거리도 먼 데다가 성주(星主)·왕자(王子)·토호(土豪)의 강한 자가 다투어 평민을 차지하고 사역(使役)을 시켜, 그것을 인록(人祿)이라 하여 백성을 학대하여 욕심을 채우니, 다스리기 어렵기로 소문이 났다.” 하였다.

돌을 모아서 담을 쌓았다. 『동문감(東文鑑)』에 “그 땅에 돌이 많고 건조하여 본래 논은 없고 오직 보리·콩·조만이 생산된다. 그 밭이 예전에는 경계의 둑이 없어서 강하고 사나운 집에서 날마다 차츰차츰 먹어 들어가므로 백성들이 괴롭게 여겼다. 김구(金坵)가 판관이 되었을 때에 백성의 고충을 물어서 돌을 모아 담을 쌓아 경계를 만드니, 백성들이 편리하게 여겼다.” 하였다.

여자는 많고 남자는 적다. 혼인을 구하는 자는 반드시 술과 고기를 갖춘다. 납채(納采)를 하는 자도 그렇다. 혼인날 저녁에 사위가 술과 고기를 갖추어 신부의 부모에게 뵙고 취한 뒤에야 방에 들어간다. 풍속이 소주를 많이 쓴다. 여자는 많고 남자는 적은데, 중이 모두 절 옆에 집을 짓고

신화의 섬 제주문화 찾아가기

처자를 기른다.

• 풍속이 본토와 달라 관심이 많으므로 자세하게 말했다.

황금빛 제주 귤

남쪽 사람이 유자를 보내(南人送柚子)   성현(成俔)

남국 언덕바지에 심은 천 그루의 목노여,	南國丘墟千木奴
큰 가시가 돋은 가지 황금 빛깔 열매로다.	團枝剡棘黃金珠
회수 위로 올라가면 탱자로 변하는 것,	自從渡淮變作枳
풍토의 영향 받아 형체가 각기 다르다.	風土所繫形模殊
남쪽 사람이 정성스레 광주리에 담아,	南人封襲筐筐篋
해마다 대궐에다 공물로 올려보낸다.	年年充貢朝玉闕
때때로 황색 보자기를 신료에게 하사하면,	時時黃帕賜臣僚
돌아와서 아내에게 주고 함께 기뻐했다.	歸遺細君相怡悅
뜻밖에도 지존에게 진상하고 남은 귤을	豈料至尊所供餘
만 리 밖 내게까지 보낼 줄 몰랐다.	飛塵萬里來遺余
방금 딴 듯이 잎이 달린 귤 열 개,	十箇帶葉如新採
빛이 집에 가득해 놀라서 바라본다.	光華滿室驚睢盰
사람에게 향기로운 안개를 흠뻑 뿜으며,	噗人香霧霏霏射
껍질을 벗기니 고기처럼 씹을 만큼 달다.	剝皮如肉甘可嚼
더러는 꿀에 재어 음료로 복용하고	或漬崖蜜調爲漿
더러는 황금색 술을 빚어 마시기도 한다.	或成黃流作杯杓
색과 향, 맛이 모두 특별히 뛰어나고,	色香與味俱三絶

상여의 소갈병을 어루만질 수 있으리라   庶幾慰此相如渴

• 제주에서 보낸 귤을 받고 감탄한 말이다. 여기서 말하는 "柚子"는
감귤의 종류이다. "木奴"는 감귤이다. "회수 위로 올라가면 탱자로 변하
는 것"은 중국에서 있었던 일이다. 남쪽의 귤을 북쪽에 심으니 탱자가
되었다. "상여(相如)의 …… 있으리라"는 중국의 사마상여(司馬相如)처럼
자기도 소갈병이 있어 귤을 먹고 어루만질 수 있으리라고 했다. 소갈
병은 당뇨이다.

신화의 섬 제주문화 찾아가기

신화와 전설, 무가의 세계

제주의 창세신, 설문대할망

태초에 탐라에는 설문대할망이라는 거인이 있었다. 누워서 자다가 할망이 벌떡 일어나 앉아 방귀를 뀌었더니 천지가 창조되기 시작했다. 불꽃섬은 굉음을 내며 요동을 치고, 불기둥이 하늘로 솟아올랐다. 할망은 바닷물과 흙을 삽으로 퍼서 불을 끄고 치마폭에 흙을 담아 날라 부지런히 한라산을 만들었다. 한 치마폭의 흙이 한라산을 이루고 치맛자락 터진 구멍으로 흘러내린 흙이 여기저기 오름을 만들었다. 할망의 오줌발에 성산포 땅이 뜯겨 나가 소섬이 되었다.

할망은 몸속에 모든 것을 가지고 있어서 풍요로웠다. 탐라 백성들은 할망의 부드러운 살 위에 밭을 갈았다. 할머니의 털은 풀과 나무가 되고, 할머니가 싸는 힘찬 오줌 줄기에서는 온갖 해초와 문어, 전복, 소라, 물고기들이 나와 바다를 풍성하게 하였다. 그때부터 물질하는 잠녀가 생겨났다.

할망은 헌 치마 한 벌밖에 없어 늘 빨래를 해야만 했다. 한라산에 엉덩이를 깔고 앉고, 한쪽 다리는 관탈섬에 놓고, 또 한쪽 다리는 서귀포시 앞바다 지귀섬에 놓고서, 성산봉을 빨래바구니 삼고, 소섬은 빨랫돌 삼아 빨래를 했다. 가끔은 한라산을 베개 삼고 누워 발끝은 바닷물에 담그고 물장구를 쳤다. 그때마다 섬 주위에는 하얀 거품이 파도와 물결을 이루었고, 몸을 움직이고 발을 바꿀 때마다 거대한 폭풍처럼 바다가 요동쳤다. 한라산에서 엉덩이를 들고 일어나 한 발로 한라산을 딛고, 또 한 발로 성산봉을 딛고, 관탈섬을 빨랫돌 삼으면, 세상은 또 한 번 다른 세상으로 바뀐 것 같았다.

할망은 키가 너무 커서 옷을 제대로 입을 수가 없었다. 터지고 헌 치마를 입고는 있었지만 몸을 제대로 가릴 수 없었다. 할망은 항상 탐라 백성들을 위해 육지까지 다리를 놓아주고 싶었다. 백성들에게 자신의 속옷 한 벌만 만들어주면 육지까지 다리를 놓아주겠다고 했다. 할머니의 속옷을 만드는 데는 명주 100통이 필요했다. 탐라 백성들이 명주를 다 모아도 99통밖에 안 되었다. 99통을 베어 짜서 속옷을 만드는데, 속옷 한 벌을 다 만들지 못했다. 할망은 육지까지 다리 놓는 걸 포기해버렸고, 그때부터 제주는 물로 막힌 섬이 되었다고 한다.

할망은 오백 장군을 낳아 한라산에서 살고 있었다. 식구는 많고 가난한데다 마침 흉년까지 겹쳐 끼니를 이어갈 수 없었다. 할머니는 아들들에게 밖으로 나가 양식을 구해 오라고 했다. 오백 형제들이 모두 양식을 구하러 나가자, 할망은 죽을 끓이기 시작했다. 백록담에 큰 가마솥을 걸고 불을 지핀 다음, 솥전 위를 걸어 돌아다니며 죽을 저었다. 발을 잘못 디디어 죽솥에 빠져 죽어버렸다.

오백 형제는 돌아와서 죽을 먹기 시작했다. 여느 때보다 죽 맛이 좋았다. 맨 마지막에 돌아온 막내가 죽을 뜨려고 솥을 젓다가 이상한 뼈다귀를 발견했다. 다시 살펴보니 어머니의 뼈가 틀림없었다. 동생은 어머니의 고기를 먹은 불효한 형들과 같이 있을 수 없다고 통탄하며 멀리 한경면 고산

리 차귀섬으로 달려가 한없이 울다가 그만 바위가 되어버렸다. 이것을 본 형들도 그제야 사실을 알고 여기저기 늘어서서 한없이 통곡하다가 모두 바위로 굳어졌다. 그래서 영실(靈室)에는 499장군이 있고, 차귀섬에 막내 하나가 외롭게 있다.

• 설문대할망 이야기는 거인이 천지를 창조했다고 하는 창세신화이다. 세계 여러 곳에 있는 유형이 제주도에서도 전해지고 있다. 할망이 제주도를 만들었다는 것은 천지창조의 내력에 대한 의문 해명이다. 할망의 몸이 제주도 자체이고, 제주민이 살아가는 터전이라는 것은 자연과 사람이 일체임을 말해준다. 이 두 대목은 신화적 의미가 분명하다. 할망은 옷이 부족하고 먹을 것이 모자라 고통을 겪었으며, 비참하게 죽었다는 것은 제주민의 고달픈 삶을 투영시켜 재창조한 변형이다. 거구인 탓에 너무 많이 먹어 불행이었다는 말은 제주도의 여러 장수 이야기에 되풀이되어 나온다.

신성한 흰 사슴, 백록

예부터 제주 지역 사람들은 한라산의 백록담에 백록(白鹿)이 있다고 믿었다. 한라산은 원래 신선이 놀던 산이고, 신선들은 흰 사슴 백록을 타고 구경을 다니며, 정상에 있는 백록담의 맑은 물을 사슴에게 먹인다고 해왔다. 백록담이라는 이름이 백록에서 유래했다.

옛날 교래리 감발내 근처에 안씨라는 포수가 살았다. 평생 사냥을 잘해 무엇이든 쏘기만 하면 백발백중이었다. 어느 날 한라산에서 사냥을 하는데, 숲에서 사슴이 한 마리가 내달리자 무의식적으로 총을 쏘고 달려가서 순간적으로 칼을 빼어 사슴의 배를 찔렀다. 그런데 정신이 들어 살펴보니 백록이 죽어 있었다.

안씨는 어찌할 바를 모르다가 그 자리에 엎드려서, 몰라보고 대죄를 범했다면서 머리를 땅에 대고 극진히 빌었다. 그래서인지 안씨는 죽지 않고 한라산에서 살아서 내려와서 140세까지 살았다. 만약 정성을 다해서 빌지 않았다면 그 자리에서 죽었을 것이라고 한다.

• 백록은 신성하다고 사냥꾼과 관련시켜 말했다.

산방산과 백록담

옛날에 한 사냥꾼이 산에서 사냥을 하다가 잘못하여 활끝으로 천제(天帝)의 배꼽을 건드렸는데, 이에 화가 난 천제가 한라산 꼭대기를 뽑아 멀리 던져버렸다고 한다. 이 산정부가 던져진 곳은 지금의 산방산(山房山)이며, 뽑혀서 움푹 팬 곳은 백록담(白鹿潭)이 되었다고 한다.

한라산의 용마

세간의 말에, 제주 한라산에 용마가 있는데 산꼭대기에서 놀다가 사람을 보면 날아올라 도망간다고 했다. 제주 사람들이 오색빛 암말을 산 위에 놓아두었더니, 용마와 교접했다. 그 종자를 취해 잘 길러 번식시키니 뛰어난 말이 많아졌다. 지금 탐라의 말들은 그 유종(遺種)이다.

제주 특유의 서사무가, 본풀이

제주도에는 무당이 부르는 노래 무가가 많다. 그 가운데 '본풀이'라고 일컬어지는 서사무가가 특히 긴요하다. 본토의 서사무가보다 그 비중이 더 크고, 작품 수가 더 많다. 본풀이에는 '당본풀이'와 '일반본풀이'가 있다. '당맨신방'이라고 하는 무당이 마을 신당의 굿을 맡아서 하면서 좌정한 신의 내력을 노래하는 것이 당본풀이다. 어느 무당이든 정해지지 않은 장소에서 굿을 벌이고서 부를 수 있는 것이 일반본풀이다.

그 가운데 일반본풀이는 본토에도 있지만, 당본풀이는 제주도에만 있다. 당본풀이가 일반본풀이보다 먼저 형성되었다고 생각된다. 전승 과정에서 많은 변화가 있었지만, 당본풀이에서 더욱 오랜 형태의 서사시가 확인되기 때문에 그렇게 말할 수 있다.

제주도 무가를 채록해서 출판하는 일이 광범위하게 이루어져, 그 결과를 쉽게 이용할 수 있게 되었다. 그 가운데 서사무가는 70편 내지 80편 정도가 된다. 정확한 숫자를 말할 수 없는 것은 독립된 작품과 이본 사이의 구분이 모호하기 때문이다. 길이는 그리 길지 않고, 결락된 부분도 있지만, 구비서사시가 한 곳에서 이렇게 집중적으로 전승되고 있는 것은 세계 어느 곳에서도 비슷한 예를 찾을 수 없다. 일반인의 노래가 아니고, 직업적인 사제자가 굿을 하면서 전승해왔으므로 자료의 신빙성이 아주 높은 점도 특기할 만하다.

제주도의 서사무가 본풀이는 모두 굿을 하면서 부르는, 신에 관한 노래이지만, 종교적인 기능과 문학작품의 특성 사이에는 거리가 있다. 문학작품으로 보면, 서사적 행위의 주인공이 신의 성격만 지니는 것은 아니다. 주인공이 실제로 어떤가에 따라서, '신령서사시', '영웅서사시', '범인서사시'로 나누고, 그 셋을 다시 세분화할 수 있다.

'신령서사시'에는 신의 내력을 말하는 '신앙서사시'가 있고, 천지만물이 생겨난 경위를 설명하는 '창세서사시'가 있다. '영웅서사시'에는 주인공이 여성인 '여성영웅서사시'가 있고, 주인공이 남성인 '남성영웅서사시'가 있다. '범인서사시'에는 신과 맞서는 인물을 주인공으로 한 '신앙비판서사시'가 있고, 모범적인 행위를 하는 인물을 주인공으로 한 '성자(聖者)서사시'가 있으며, 남녀간 애정의 문제를 주로 다루는 '생활서사시'가 있다. 제주도에서 발견되는 대표적인 자료를 본보기로 들면 다음과 같다.

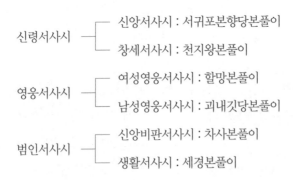

신령서사시 ┬─ 신앙서사시 : 서귀포본향당본풀이
          └─ 창세서사시 : 천지왕본풀이

영웅서사시 ┬─ 여성영웅서사시 : 할망본풀이
          └─ 남성영웅서사시 : 괴내깃당본풀이

범인서사시 ┬─ 신앙비판서사시 : 차사본풀이
          └─ 생활서사시 : 세경본풀이

이 가운데 '신앙서사시'는 원시서사시이다. 바람과 수렵을 관장하는 신이 한라산에 좌정하고 사냥꾼에게 자기를 섬기라고 한 것이 〈서귀포본향당본풀이〉이다. '창세서사시'는 원시에서 고대로의 이행기서사시이다. 〈천지왕본풀이〉에서 천지가 생긴 내력을 설명하고 천체의 이변을 바로잡는 능력을 가진 영웅의 활약에 대해 말한 것은 그 단계 사제자의 자기 과시이다.

고대서사시인 '영웅서사시'는 '여성영웅서사시'에서 시작되었다가 '남성영웅서사시'로 바뀌었다. 여성을 주인공으로 한 〈할망본풀이〉에서 보이는 버림받은 영웅의 시련이 남성을 등장시킨 〈김녕괴내깃당본풀이〉에서 더욱 확대되어 있다. 시련을 이기고 승리자가 되었다고 하는 영웅이 통치자가 되어 그런 노래를 불러 자기를 칭송하게 했다.

'범인서사시'는 중세 이후의 서사시이다. 그것들은 당본풀이가 아닌 일반본풀이다. 신은 뒤로 물러나고 사람 중심의 사고방식이 확대된 변화를 나타낸다. '신앙비판서사시'인 〈차사본풀이〉에서는 죽음의 세계를 다스리는 염라대왕을 사람의 용기와 지혜로 제압했다고 한다. '생활서사시' 가운데 하나인 〈세경본풀이〉는 남녀의 간절한 애정을 노래했다.

이러한 사실은 제주도에 사는 사람들이 원시, 원시에서 고대로의 이행기, 중세 이후를 경험했다는 증거이다. 어디에나 있는 역사의 보편적 과정을 차례대로 겪었으므로, 제주도의 역사는 특수하다는 말을 할 수 없다. 오히려 제주도에서 확인한 사실이 본토에서 전개된 역사, 아시아 다른 민족 또는 세계 전체의 역사를 새롭게 인식할 수 있게 하는 소중한 출발점이 된다.

그러면서 서사무가 각 유형의 사례들을 면밀하게 살피고, 본토의 자료와 비교하면, 특수성에 대한 인식도 얻을 수 있다. 그래서 얻은 결과가 무

엇을 말하는지 더욱 분명하게 검증하기 위해서는 '신앙서사시'에서 '생활
서사시'까지를 제주도에서처럼 구비하고 있는 다른 곳의 사례와의 비교가
또한 필요하다. 제주도의 경우에는 한 시기에서 다음 시기로 전환할 때 단
절이나 비약이 보이는 것이 특별히 주목해야 할 사항이다.

　'창세서사시'의 천지왕은 하늘에서 내려와 지상의 여성과 부부가 되었
다고 하는데, '영웅서사시'의 남녀는 각기 땅에서 솟아나고 바다를 건너
와 부부가 되었다고 한다. 부모에게서 버림받은 주인공이 위기를 투쟁으
로 극복하고 승리자가 되었다고 하는 것은 '영웅서사시'에서만 보인다. 적
대자를 물리치고 권력을 장악해 고대국가를 창건한 영웅의 모습을 그렇게
그려 찬양했다고 생각된다.

　중세서사시인 '범인서사시'는 나타내는 사고방식이 그 전대의 서사시와
많이 다르지만, 사건전개에서는 기존의 틀을 이었다. 「차사본풀이」에서 말
한 시련과 여행은 '영웅서사시'의 설정을 이용했다고 할 수 있다. 「세경본
풀이」는 '창세서사시'에서 보이는 하늘에서 하강한 남성과 지상 여성의 결
연을 재현했다. 이러한 사실은 고대에서 중세로 넘어올 때에는 새로운 주
민의 이주가 없었음을 말해준다고 할 수 있다.

　• 제주도의 본풀이는 한국문학의 심층이며 세계문학의 보고이다.

건국신화와 건국서사시

　1451년(문종 1)에 완성된 『고려사(高麗史)』 권57 지(志) 제11 지리2에 실
려 있는 다음 기사는 탐라국의 유래를 말해주는 소중한 자료이다. 건국시
조 셋의 출현과 혼인에 관한 서술이 사실이라기보다 신화라고 해야 하겠

으므로 「삼성신화」라고 일컬어진다. 앞으로의 논의에서 소중하게 이용할 필요가 있어 전문 인용한다.

> 탐라현은 전라도 남해 가운데 있다. 그곳 고기(古記)에서 다음과 같이 말했다. 태초에는 사람도 산물도 없었다. 세 신인(神人)이 땅에서 솟아났다. (그 주산 북쪽 기슭에 구멍이 있어 모흥(毛興)이라고 하는 곳이 그 땅이다.) 맏이는 양을나라고 하고, 둘째는 고을나라고 하고, 셋째는 부을나라고 했다. 세 사람은 황량하고 궁벽한 곳에서 사냥을 해서, 가죽을 입고 고기를 먹었다. 어느 날 자주색 흙으로 봉한 목함 하나가 바다에 떠서 동해 가에 이르렀거늘, 가서 열어보니 목함 안에 석함이 있었다. 붉은 띠를 띠고 자주색 옷을 입은 사자가 따라왔다. 석함을 열자, 푸른색 옷을 입은 처녀 셋, 망아지, 송아지, 오곡의 씨앗이 나타났다. 그러자 말하기를, "나는 일본국 사자입니다. 우리 임금님이 이 세 따님을 두었습니다. '서해 가운데 산에서 신자(神子) 셋이 내려와 장차 개국을 하려는데 배필이 없구나' 하고 말씀하시고, 신에게 명하여, 세 따님을 모시고 오게 했습니다. 부디 배필로 삼아 큰일을 이루소서." 사자는 문득 구름을 타고 가버렸다. 세 사람은 나이 순서대로 세 여자에게 장가들어, 샘이 달고 땅이 기름진 곳으로 가서, 화살을 쏘아 점을 쳐 집터를 정했다. 양을 나가 사는 곳을 첫째 터전, 고을나가 사는 곳을 둘째 터전, 부을나가 사는 곳을 셋째 터전이라고 했다. 처음으로 오곡의 씨를 뿌리고, 망아지와 송아지를 길러, 살림이 날마다 더욱 풍성해졌다.

이런 내용의 「삼성신화」는 공연히 지어낸 말이 아니고 오랜 전승의 기록이다. 그러므로 오늘날의 구전에서 비교해 고찰할 만한 자료를 찾을 수 있다고 기대한 것이 당연하다. 「삼성신화」가 당본풀이 서사무가와 유사하다는 것은 거듭 논의되고 있는 사실이다. 둘 사이의 관련이 무엇일까 하는 의문을 해명하는 작업도 상당한 정도 진전되었다.

삼성혈

「삼성신화」는 원래 제단이 있는 광양당(廣壤堂)에서 굿을 하면서 부르는 서사무가였다고 보고, 1526년(중종 21)에 제주목사 이수동(李壽童)이 단을 쌓고 자손이 제사를 지내도록 했다는 기록이 그 증거일 수 있다고 한 것은 타당한 추론이다. 위의 자료에서 말한 "그곳 고기(古記)"는 『고려사』 편찬에 주도적으로 참여한 양성지(梁誠之) 가문에서 간직하던 양씨 족보였다고 추정하고, 그래서 양을나를 고을나보다 앞세웠다고 한 것도 수긍할 수 있다. 고려시대에 기록되어 필사본으로 전해졌을 그 족보에서 서사무가의 내용을 한문으로 옮겼으리라고 생각된다.

그러나 기존 연구에서는 어떤 서사무가가 「삼성신화」로 기록되었는지 구체적으로 고찰하는 데까지 나아가지는 않았다. 「삼성신화」의 원형인 서사무가를 「삼성본풀이」라고 한다면, 「삼성본풀이」는 어떤 내용으로 이루

신화의 섬 제주문화 찾아가기

어져 있었고, 그것이 바로 탐라국 건국서사시였던가? 이런 의문을 제기하고 해결하고자 하는 고찰을 시도하려고 한다.

당본풀이인 서사무가를 이루는 단락은 다음과 같다. "신으로 좌정했다"는 것은 어느 경우나 공통되게 나타나 있는 단락이므로 별도로 들지 않는다.

(가) 땅에서 솟아나다

(나) 바다를 건너오다

(다) 배필을 만나 혼인하다

(라) 부부가 다른 생업에 종사하다

(마) 부모가 자식을 버리다

(바) 버림받은 자식이 시련을 투쟁으로 극복하다

(사) 버림받은 자식이 돌아오다

이들 단락이 당본풀이 서사무가에 나타나 있는 양상을 정리하고 본보기를 들기로 한다. (가)형에는 「장달리본향본풀이」, (가)(나)형에는 「김녕큰당본향본풀이」 같은 것들이 있다. 그런 것들은 단순형이다. (가)(나)(다)(라)형이 「삼성신화」와 같은 것인데, 그런 것은 보이지 않는다. 중간의 일부 단락을 건너뛰고 (가)(마)(사)형인 것도 있는데, 「할망본풀이」가 그런 예이다. (가)(나)(다)(라)(마)(바)(사)형이 완성형이라고 하는 것이다. 몇 가지 예를 들면, 「천자또마누라본」, 「김녕괴내깃당본풀이」, 「송당본향당본풀이」가 그런 것이다.

서사무가에 「삼성신화」와 같은 (가)(나)(다)(라)형이 없다는 사실은 「삼성본풀이」를 찾는 작업이 단순하지는 않다는 것을 말해준다. 지금 볼 수 있는 서사무가 가운데 어느 것이 「삼성본풀이」라고 바로 말할 수는 없다. 「삼성본풀이」는 이미 없어졌는가? 그렇다면 힘든 작업을 해도 가시적인 성과는 없을 것이다. (가)(나)(다)(라)(마)(바)(사)로 이루어진 전편 가운데 (라)는 「삼성신화」와 뚜렷한 공통점이 있어, 거기까지 잘라 기록한 것이 「삼성신화」라고 할 수 있다. 그래야 했던 이유가 무엇인지 밝혀야 추정이 타당하게 된다.

(가)(나)(다)(라)(마)(바)(사)형이라고 든 것들 가운데 「천자또마누라본」은 (가)(나)(다)(라)까지가 자세하고 (마)(바)(사)는 소략하므로 「삼성신화」와 가깝다고 할 수 있다. 우선 둘 사이의 비교 고찰을 통해 「삼성본풀이」의 모습을 찾기로 한다. (마) 이하의 의미에 관해서는 앞으로 다시 논한다.

「삼성신화」에서는 '양을나', '고을나', '부을나' 셋을 들었는데, 「천자또마누라본」에서는 '상당', '중당', '하당' 셋을 들었다. 「천자또마누라본」에서는 셋의 위계질서를 말하는 데 그치고, 「삼성신화」에서는 성을 들었다. 유교문화가 들어가기 전까지 제주도 사람은 성이 없었을 것이다. 건국의 시조에게 성이 있었다고 생각되지 않는다. '주몽(朱蒙)'이나 '혁거세(赫居世)'도 원래부터 고씨이고, 박씨였던 것은 아니다. '양을나', '고을나', '부을나'는 성을 사용하는 유교적 관습을 받아들인 뒤에 소급해서 만든 호칭이었을 것이다. 「천자또마누라본」에서 셋을 '상당', '중당', '하당'이라고 하고, 그곳의 신들을 각기 성은 없이 이름만 든 것이 원형이다. 「삼성본풀이」도 그랬으리라고 추정된다.

「삼성신화」에서는 셋의 출현과 결혼을 한꺼번에 이야기했으나, 「천자또마누라본」에서는 하나씩 별도로 다루었다. 셋 가운데 하나인 '하당'의 '소로소천국'이 '백주또'와 부부가 된 내력이 자세하다. '상당', '중당', '하당'이 셋이면서 각기 별개의 것이듯이 '양을나', '고을나', '부을나'도 각기 숭앙될 수 있는 대상이었다고 보아 마땅하다. 서로 경쟁하기도 했을 것이다. 「삼성신화」의 기록에 경쟁이 전혀 배제되고 화합만 나타나 있는 것은 셋의 후손들이 후대에 가진 소망을 반영했다고 볼 수 있다. 따로 부를 수도 있고, 서로 다른 내용을 지니기도 했다고 보는 편이 타당하다. 그러면서 상당한 정도의 갈등을 나타냈을 것이다.

「삼성신화」에서는 '양을나', '고을나', '부을나'만 땅에서 솟아났다고 하고, 그 배필이 되는 여자들의 출생에 관해서는 말이 없다. 그런데 「천자또마누라본」에서는 남자인 '소로소천국'은 '제주 절도 섬'에서 솟아나고, 여자인 '백주또'는 '강남천자국 백모래밭'에서 솟아났다고 했다. 원래는 바다 건너 있는 크고 좋은 나라라고 하던 곳을 유교 문화를 받아들인 뒤에 '강남천자국'이라고 바꾸었을 것이다.

땅에서 솟아올랐다고 하는 것은 대단한 능력을 가져 신으로 받들 만하다는 뜻이다. 「천자또마누라본」에서는 남녀가 다 그렇다고 하면서, 여자가 솟아난 곳은 크고 좋은 나라이고, 남자가 태어난 곳은 절해고도에 지나지 않는 제주도라고 해서 여자를 우위에 두었다. 「천자또마누라본」이라는 명칭도 여자를 주역으로 해서 붙인 것이다. 「삼성신화」에서 남자만 제주도에서 솟아났다고 하면서 남녀를 차별하고, 여자 쪽은 이름도 없어 관심의 대상이 될 수 없게 한 것은 후대의 변화이다.

여자가 땅에서 솟아났다고 하는 것이 오랜 형태라고 생각된다. 위에서 (가)(마)(사)형의 본보기로 든 「할망본풀이」는 땅에서 솟아난 여자를 부모가 무쇠 상자에 넣어 멀리 떠내려 보냈는데 죽지 않고 돌아왔다고 한 '여성영웅서사시'이다. 그쪽에는 남녀의 만남이 없다. 남녀가 만나 부부가 되었다고 하는 (다)의 삽화를 지닌 본풀이에서는 남녀가 다 같이 땅에서 솟아났다고 했다. 다른 곳에서 솟아난 여자가 제주도로 와서 제주도에서 솟아난 남자와 부부가 되었으니 두 곳 가운데 제주도가 중심을 이룬다고 하겠지만, 다른 곳이 더 크고 좋은 나라이고, 거기서 가져온 농사 기술이 제주도에서 하고 있는 수렵보다 우월한 기술이다.

「삼성신화」에서도 출신이 다른 남녀의 결합으로 두 가지 생업을 다 하게 되었다고 한 것은 여러 본풀이에서와 다르지 않게 말했다. 그러나 여자 쪽은 땅에서 솟아났다고 하지 않아 도입된 기술의 우위만 인정하고, 그 기술을 제공한 곳이 크고 훌륭한 나라라고는 하지 않았다. '강남천자국'을 '일본'이라고 해서 환상을 배제했다. 그러다가『고려사』보다 후대에 이루어진 다른 기록에서는 그곳이 '벽랑국(碧浪國)' 또는 '동해벽랑국(東海碧浪國)'이라고 해서 바다 건너 있는 어떤 나라라고만 알고 있도록 했다.

다른 곳의 여자가 제주도로 와서 배필을 구한 것이 「천자또마누라본」에서는 스스로 결정한 일이라고 했다. 열다섯이 되었을 때 스스로 천기를 보니 제주도에 배필이 있어 제주도로 왔다. 땅에서 솟아났으니 그럴 수 있다. 일본국 공주라고 한 「삼성신화」의 세 여자는 그럴 수 없었다. 시키는 사람이 있고, 데리고 오는 사람이 있어야 했다. 일본 국왕이 사자에게 명해 딸들을 데리고 가서 제주도에 출현한 세 '신자(神子)'의 배필이 되게 하라고 해서 왔다고 했다. 사자는 임무를 마치고 구름을 타고 가버렸다고 해서 신통력이 있음을 말해주었으나, 세 공주는 평범한 여자이기만 하다.

남자만 땅에서 솟아났다고 하는 남성 우위는 「삼성본풀이」에는 없었으며 「삼성신화」를 기록할 때 비로소 나타났다고 할 수 있다. 그러나 '여성영웅서사시'가 '남성영웅서사시'로 바뀐 것은 자연적인 추세이다. 위에서 든 본보기 가운데 주인공이 여성인 것은 「김녕큰당본향본풀이」와 「할망본풀이」뿐이다. 여주인공이 「할망본풀이」에서는 제주도에서 솟아나고, 「김녕큰당본향본풀이」에서는 다른 곳에서 솟아나서 제주도로 왔다. 앞의 것에

신화의 섬 제주문화 찾아가기

서는 제주도의 주인이던 여자가 뒤의 것에서는 외래자로 바뀌었다. 여자가 외래자라면 주인인 남자가 있어야 한다. 「장달리본향본풀이」에서는 남자가 제주도에서 솟아났다. 「천자또마누라본」과 「김녕괴내깃당본풀이」에서는 제주도에서 솟아난 남자와 다른 데서 솟아나서 제주도로 온 여자가 만나 부부가 되었다.

「김녕괴내깃당본풀이」에서 펼쳐지는 자식대의 이야기는 남자를 주인공으로 한다. 「할망본풀이」에서는 여자의 시련이었던 것을 남자의 시련으로 해서 더욱 격렬하게 전개하고 자세하게 다루었다. 그런 내용의 '여성영웅서사시'는 희귀하고, '남성영웅서사시'는 많이 있다. 남성이 서사시의 주역으로 등장한 것은 영웅서사시 변모의 당연한 과정이다. 원시에서 고대로의 이행기에 종교적인 능력을 가진 정치지도자는 여성일 수 있으나, 고대에 정치권력을 장악하고 국가를 창건하는 영웅은 남성이다.

버림받은 자식의 투쟁과 승리를 다룬 (마)(바)(사)(아)의 단락은 「삼성신화」에는 없는 것이다. 「삼성신화」는 한 대로 그친 이야기이지만, (마)(바)(사)(아)까지 갖춘 「천자또마누라본」, 「김녕괴내깃당본풀이」, 「송당본향당본풀이」 같은 것들은 두 대에 걸쳐 전개된다. 「삼성신화」로 기록된 「삼성본풀이」는 한 대로 끝났는지 두 대까지 이어졌는지 판단할 수 있는 직접적인 자료는 없다. 그러나 (마)(바)(사)(아)에 대한 고찰을 통해서 그 의문을 해결할 수 있다.

(마)(바)(사)(아)는 정치적 지배자로 등장한 남성영웅을 칭송한 내용이다. 어려서 버림받아 죽음의 고비를 겪고 적대자와의 투쟁에서 승리한 것은 '영웅의 일생'을 갖춘 고대영웅의 전형적인 모습이다. 죽은 줄 알았던 아들이 되돌아오자 아버지는 두려워 도망치고, 아들이 아버지의 영역을 차지했다고 하는 것도 흔히 있는 일이다.

그런 영웅이라야 권력을 장악해 나라를 세우는 위업을 달성한다. 탐라국은「삼성신화」말미에서 묘사한 것처럼 평화롭게 농사를 짓기만 하는 곳이 아니고 건국의 영웅이 지배권을 장악하기 위해 투쟁을 벌인 곳이다. 건국서사시가 「삼성신화」처럼 끝났을 수 없다. 원래의 본풀이는 부모 대의 결합을 말하는 데 그치지 않고 그 아들 대에 겪은 (마)(바)(사)(아)까지 모두 갖추었을 것이다. 「탐라국건국서사시」가 오늘날까지 구전되면서, 그 전반부에 해당되는「삼성본풀이」만 기록에 올라 있다.

부모 대의 기록에 올린 이유는 무엇일까? 평화스럽게 살았다고 강조해 말한 데 의문을 풀 수 있는 단서가 있다. 수렵을 하는 남자와 농사를 짓는 여자는 생활방식과 식성이 달라 충돌한다고 구전에서 거듭 말하는데, 기록에서는 양쪽이 화합하는 모습만 전했다. '양을나', '고을나', '부을나' 사이에 대립이 있었다고 하지도 않았다. 세 가문 후손들이 바라는 화합이 처음부터 갖추어져 있었다고 하려고 탐라국 창건 세대가 벌인 더욱 격렬한 투쟁에 대해서는 언급조차 하지 않았다. 피로 얼룩진 영웅서사시를 평화스럽게 시작된 역사로 바꾸어놓고자 해서 전반부의「삼성본풀이」만 발췌해「삼성신화」로 옮겨놓았을 것이다.

「삼성신화」기록자들은 고대는 망각하고 중세의 사고방식으로 과거를 회고하면서, 탐라 주체성을 선양하는 대신에 중앙정부 지배하에서 누릴 수 있는 지위에 만족했다고 할 수 있다. 제주도를 떠나 중앙정부가 있는 곳으로 이주해 지배층의 신분을 얻고 영달하자 생각이 달라졌다. 그러나 제주도에 남아 고난을 겪는 탐라국의 유민들은 중앙정부의 차별대우를 받으서 항거의 주역을 칭송하는 영웅서사시를 노래하고 영웅전설을 이야기한다.

후대 영웅서사시의 본보기인「양이목사본」에서는 건국의 세 시조 '고이왕', '양이왕', '부이왕' 가운데 '양이왕'의 후손인 양이목사를 주인공으로 한다. 세 시조를 모두 '왕'이라고 한 것은 주목할 만하다. 건국서사시에 있던 말을 이었다고 할 수 있다. 양이목사는 중앙정부에서 제주도에 파견한 수령이다. 왕의 후손이니 그런 지위를 차지하는 것은 당연하다. 그러나 양이목사는 중앙정부가 아닌 제주도민의 편에 섰다. 중앙정부의 과도한 수탈을 거부하고 항거하다가 금부도사와 싸워 죽었다. 그러면서 계속 자기 제사를 지내달라고 했다. 그것은 탐라국 건국서사시의 속편 패망편에 해당한다.

탐라국 시대에도 「탐라국건국서사시」만 노래한 것은 아니다. 마을마다 신이 있어 그 본풀이를 노래했을 것이다. 마을 본풀이는 「탐라국건국서사시」와 유사한 내용을 단순화된 형태로 신의 격을 적절하게 낮추면서 불렀으리라고 추정된다. 그러다가 「탐라국건국서사시」를 노래하는 굿이 없어지면서 마을 본풀이가 모두 대등하게 되었다. 마을 본풀이 가운데 「탐라국건국서사시」에 있던 내용을 많이 가져가 대작을 만든 곳도 있었다.

「김녕괴내깃당본풀이」가 바로 그런 예이다. 그것이 전승되고 있는 구좌면 김녕리는 한가로운 농촌이며, 과거에도 탐라국 권력의 중심지는 아니었다. 그런데도 대단한 투지를 보인 영웅의 내력을 노래하는데, 「탐라국건국서사시」를 옮겨다놓아 그렇게 되었다고 할 수 있다. 구좌면 송당리의 「송당본향당본풀이」는 「김녕괴내깃당본풀이」와 거의 같으면서 주인공이 신으로 좌정해서 관장하는 영역이 섬 전체로 확대되어 있다. 그것은 중앙권력의 모습이어서, 「탐라국건국서사시」를 한층 충실하게 옮겼다고 생각된다.

「송당본향당본풀이」는 468행이나 되지만, 그보다 훨씬 긴 「탐라국건국

송당본향당(국가유산포털)

서사시」가 전승되는 동안에 축소되었을 것으로 추정된다. 구체적인 사실과 관련된 부분은 없어지고 있을 수 있다고 인정되는 상상만 남았다고 할 수 있다. 「김녕괴내깃당본풀이」와 「송당본향당본풀이」 가운데 더 자세한 쪽을 가져다가 앞뒤를 연결시키면 「탐라국건국서사시」의 모습을 어느 정도 되살릴 수 있다.

먼저 등장인물의 이름을 보자. 부모의 이름을 「천자또마누라본」과 「김녕괴내깃당본풀이」에서는 '소천국', '백주또'라고 하고 「송당본향당본풀이」에서는 '소천국', '백주할망'이라고 했다. 아들의 이름은 「김녕괴내깃당본풀이」에서 '괴내깃도'이고 「송당본향당본풀이」에서는 '송곡성'이라고도 하고 '문곡성'이라고도 한다. 모두 오늘날과는 아주 다른 이름이다.

그 가운데 '괴내깃도'는 '동굴에서 난 신'이라는 뜻으로 볼 수 있다. 이런 내력을 자랑스럽게 여겨 이름으로 삼았다고 할 만하다. 그러나 탐라국의 지배자가 되었을 때에도 그 이름만 사용했다고 보기 어렵고 어떤 존칭이 있었을 것이다. 고유어 존칭을 한자어처럼 바꾸어놓은 것이 '송곡성'이니 '문곡성'일 수 있다. '소천국'이나 '백주또' 또한 고유어 이름이나 존칭을 한자어처럼 고친 것으로 볼 수 있다.

그 어느 경우에도 이름이 세 음절 이상이며 성은 없었다. 한자로 기록되어 문헌에 오른 국왕과 신하의 이름이 '유리도라(儒李都羅)'이고 '달미루(達未婁)'이다. '양', '고', '부'의 성을 사용한 것은 유교 문화를 받아들여 역사를 재정리한 뒤의 일이다. 고구려의 '주몽'이나 신라의 '혁거세'도 성은 없고 이름뿐이었는데 후대에 성을 붙여 '고주몽', '박혁거세'라고 했다. 탐라국 건국자들은 처음부터 성이 있었다고 보는 것은 타당하지 않다.

남녀관계도 후대와 달랐다. 여성이 바다를 건너와서 배필을 얻은 것도 후대 유교사회에서는 상상조차 할 수 없는 일이다. 그 장면을 「송당본향당 본풀이」에서 다음과 같이 서술했다(제주도 방언으로 기록된 것을 여기서는 표준어로 소개한다).

> 무쇠 철갑이 올라오는 것을 보고,
> "네가 귀신이냐 산 사람이냐?" 하고 물으니,
> 무쇠 철갑 속에서 소리가 나,
> "내가 귀신이면 이런 데 올 수 있겠습니까, 산 사람입니다."
> 무쇠 철갑을 열어보니,
> 아들 아기 일곱을 낳은 예쁜 백주할망이 있었다.
> 소천국은 백주할망 손을 잡고,
> "나와 같이 살자" 하고 송당으로 올라갔다.

백주또가 무쇠 상자에 실려 바다를 건너 떠내려온 것을 소천국이 보고

구출해 아내가 되어달라고 했다고 한다. 그런데 백주또는 이미 아들 일곱을 낳아 데리고 왔다고 한 점이 특이하다. "왕대웃성"이라는 곳에서 솟아난 백주또가 처녀인 채 임신했기 때문에 부모가 노해서 무쇠 상자에 실어 멀리 보냈다는 말이 그 앞에 있다. 그래서 지향 없이 표류하다가 제주도에 이르러서 소천국을 만났다고 했다.

그렇지만 표류 도중에 낳은 아들이 일곱이나 된다는 것은 납득할 수 없다. 백주또가 아이를 낳아 데리고 왔다는 것과 아이를 많이 낳았다는 것이 그렇게 복합되었다고 할 수 있다. 많은 아이들을 먹여살리기 위해서 소천국이 애썼다고 하면서 그 다음 사건으로 넘어갔다.

둘이 부부가 되어 살아가면서 두 가지 생업에 종사한 대목을 「송당본향당본풀이」에서 다음과 같이 서술했다.

> 부인님은 아기를 기르고, 소천국은 사냥질을 했다.
> 산돼지고기 궁작노루를 잡아다가 아기를 먹여 살리고,
> 소천국대감이 백주할망과 배필이 되니,
> 딸만 아기를 여덟을 배었다.
> 이 아기를 낳아놓을 적에 백주할망이 말을 하되,
> "우리가 이 아기를 키우려 하면,
> 사냥질로는 못 사니 농사를 지읍시다."

그 때문에 싸우고 별거하게 되었다는 것은 소천국과 백주또 두 사람 사이의 사사로운 분란이 아니고, 생업이 서로 다른 두 집단 사이의 뿌리 깊은 갈등을 나타낸다. 지금도 제주도에서 굿을 하면서 당신을 식성에 따라 두 쪽으로 나누어, 고기를 먹지 않는 미식파(米食派)와 고기를 먹어야 하는 육식파(肉食派), 일명 백신파(白神派)와 흑신파(黑神派)의 신들을 각기 별

도의 제물을 갖추어 따로 제사하는 풍속이 있다. 생업이 다른 집단 사이에 실제로 있었던 오랜 갈등이 그렇게 나타나 있다고 생각된다.

소천국의 아들 송곡성이 아버지를 모르고 자라다가, 나중에 아버지를 찾아가 무례하게 굴었다고, 아버지가 죽이려고 했다. 그런데 아버지가 본 처인 송곡성의 어머니를 버리고 첩으로 삼은 "오백서 딸애기"가 송곡성을 죽이는 대신에 무쇠 상자에 넣어 바다에 떠내려보내자고 해서, 아버지가 그 말을 따랐다. '영웅의 일생'은 그렇게 전개되는 것이 상례이다. 어려서 버림받아 죽을 고비에 이르는 시련을 겪고 살아나야, 영웅이 영웅다울 수 있다. 아들이 버림받아 시련을 겪는 대목을「송당본향당본풀이」에서 다음 과 같이 서술했다.

> "저게 너의 아방이다" 하니,
> 송곡성은 아방 무릎에
> 펏짝 매달려서 안길 적에,
> 아바님 쉰 댓 자 삼각수를 잡아당겼다.
> 석자 두치 곰방대를 이리저리 흔든다.
> 소천국은 생각할 때
> "이 자식도 불효자식이다."
> 당장 죽이려고 하다가
> 오백서 딸애기 첩각시가
> 말을 하되, "죽이지 말고,
> 앞에서 보기 싫으니까, 무쇠 철갑을 해서,
> 바다에 가서 집어넣어버리는 것이 좋수다."
> 무쇠 철갑을 해서,
> 그 속에 들여앉혀,
> 동해용궁에 띄웠다.

부모가 백주또를 무쇠 상자에 넣어 멀리 떠내려보냈다는 것은 신라 건국신화의 하나인 탈해(脫解) 신화에서 볼 수 있는 바와 상통해, 신화의 뿌리가 깊다고 할 수 있다. 무쇠 상자의 화소가 거듭 사용되었다. 그런 시련을 겪은 주인공은 구출·양육자를 만나 살아나, 적대자를 물리치는 싸움에서 크게 이겨 용력을 과시하고, 세력을 확보하는 것이 '영웅의 일생'에서 보이는 공식이다.

「김녕괴내깃당본풀이」에서 괴내깃도가 강남천자국에 표착했다고 했다. 그 나라의 세 공주 가운데 막내의 구출을 받아 부마가 되었다. 외적이 침입해오자, 나가 싸워 엄청난 용맹을 가진 상대방 장수들을 무찔러 놀라운 공적을 이룩했다. 싸움 대목을 이렇게 노래했다.

> 무쇠투구 갑옷에 언월도 비수금,
> 나무활 보레활, 기치창검 내어주시고,
> 억만대병을 내어주시니
> 싸움하러 나간다.
> 처음에 들어가서,
> 머리 둘 돋은 장수 죽이고
> 두 번째 들어가서,
> 머리 셋 돋은 장수 죽이고,
> 세 번째 들어가서,
> 머리 넷 돋은 장수 죽이니.

버림받은 아들은 먼 나라에 가서 용맹을 떨치고 크게 인정된 것으로 만족하지 않고 되돌아왔다. 무쇠 상자에 실려 떠나갔던 바닷길로 군사들을 거느리고 개선장군의 행진을 했다. 그렇게 하면서 자기를 버린 부모를 위협했다. 부모는 자식이 돌아오는 것을 보고 반가워하지 않고 도망쳤다. 아버지가 지배하던 영역을 시련을 이기고 돌아온 아들이 빼앗았다. 그 대목은 「송당본향당본풀이」에서 이렇게 그렸다.

> 일천병마 삼천군병을 거느리고 제주에 입도(入島)했다.
> 소섬 동쪽 어귀로 들어올 때 방포(放砲)를 놓았다.
> 굴밭집 딸애기가 나서고
> "어서 들어오십시오." 하여 가니.
> 안종다리 밖종다리로 들어왔다.
> 마침, 정의(旌義) 고배(?) 임자가 닻줄을 끌어왔다.
> 닻줄을 잡아올 때에 돼지 온 마리를 잡았다.
> 차나락떡, 쌀시루떡, 쌀도래떡, 차귀 堂山메를 지어서
> 접대를 하자고 할 때에,
> "어느 누가 춤을 잘 추는가?" 하여,
> 광선이를 부르고, 옥단이를 부르고,
> 허무녀(許巫女)를 부르고, 징을 쳤다.
> 배가 한 곳에서 잡히지 못했다.
> 청기·적기·백기·흑기·황기·오색기를 내어달고,
> "올라오십시오" 하고 절을 할 때에,
> 배가 한 곳에서 잡히게 되었다.
> 안종달이 밖종달이로 들어올 때에
> 소천국과 백주할망은 방포(放砲) 소리를 듣고,
> 정하님에게, "이게 어떤 일이냐?" 물을 때
> "소천국 아드님 일곱살 적에 귀양보낸 아들이
> 들어오십니다" 하니,
> "왜, 일곱 살 적에 무쇠 철갑에 담아 물에 띄운 자식이
> 살아 올 리가 있겠느냐?"

문곡성은 부인을 거느리고
일천병마 삼천군병을 거느리고
한라영산에 올랐다.
이때 어멍은 겁나 웃송당으로 달아나버리고
아방은 아래송당 고부니마루로 달아나버리고
둘째 동생은 산방산으로 달아나 산방산신이 되었다.
셋째 동생은 대정 광정당 바람목 산신이 되었다.
넷째는 제주시내 바람목 내왓당 산신이 되었다.
다섯째는 김녕 괴내깃도 산신이다.
여섯째는 거로 명당또 산신이다.
일곱째는 조천면 다리 송당 산신이다.
여덟째는 토산당 바람목 산신위를 받았다…
문곡성은 한라영산 바람목에 앉아서 아래 동생들에게
"내가 여기 앉았으니 너희는 나를 받들기나 하여라."

군사를 거느리고 제주도로 들어오는 경로를 구체적으로 밝혀 실감을 가중시켰다. 깃발을 흔들고 들어오는 광경을 생생하게 그렸다. 환영하는 이들이 있어, 징을 치고 춤을 춘다고 했다. 그런 장면은 가상사건 현장의 묘사이면서 또한 굿을 하는 광경이다. 진군 맞이굿의 화려한 축제를 펼쳐 보였다. 춤 잘 추는 광선이, 옥단이와 함께 허무녀(許巫女)가 등장하는 것이 그래서 필요했다.

승리자가 된 문곡성은 한라영산을 차지해 제주도 전체의 지배자가 되었다고 했다. 부모와 동생들은 스스로 도망치기도 하고 문곡성의 지시를 따르기도 하면서 사방으로 흩어져 각기 한 곳에 좌정했다. 금령의 괴내깃도도 그 가운데 하나이며, 문곡성의 다섯째 아우라고 했다. 신들의 관계는 통치자들 사이의 관계이다. 탐라국 국왕이 지방의 통치자들을 거느리는 관계를 그렇게 나타냈다.

어려서 버림받은 아들이 큰 규모의 병마를 거느리고 돌아와 부모가 도망치게 하고, 아우들이 각기 한 곳을 차지하게 한 것은 정권교체와 임무 재배치를 뜻하는 내용이다. 정권교체가 부자의 싸움을 거쳐 이루어지는 것이 당연하다고 고대인은 생각했다. 아들이 아버지를 존경하고 받들다가 정권을 물려받는 관계를 맺지 않고, 아버지는 아들을 죽이려 하고, 아들이 돌아와서 아버지를 몰아냈다. 그런 일은 중세에도 있었지만 되도록이면 덮어두려고 하고 찬양의 대상으로 삼지는 않았다. 이 노래에서는 힘이 있으면 영웅이고, 영웅이 하는 일이면 무엇이든지 경탄의 대상이 되었다. 그것은 중세가 시작된 뒤에는 없어진 고대의 가치관이다.

탐라국의 자취

『삼국지(三國志)』나 『후한서(後漢書)』에서 마한 서쪽 바다 큰 섬 '주호(州胡)'에 키가 작은 사람들이 살고 있는데, "언어가 한(韓)과 같지 않다"고 하고, "가죽옷을 입고, 소와 돼지 기르기를 좋아한다"고 한 데 제주도 원주민의 모습이 나타나 있다. 언어가 바다 건너 한(韓)과 같지 않다는 것은 계통이 다르다는 말이다. 옷이나 생업에 관한 언급에서 수렵과 함께 목축을 했음을 알 수 있다. 그 사람들을 주호인(州胡人)이라고 일컬으며 그 유래를 찾는 작업이 다각도로 이루어져, 오늘날은 북해도(北海島)에 남아 있는 아이누인, 일본열도에 아이누인보다 먼저 살았던 '고루보구'인 등과의 관련을 가진다는 논의가 이루어졌다.

그러나 제주도의 원주민이 그 어느 쪽과 같은 사람이라고 할 수 있을까 의문이다. 「서귀포본향당본풀이」를 아이누인의 서사시와 비교해보면, 수

렵생활에서 이루어진 '신앙서사시'인 점은 같지만, 전개 방식에서는 차이점이 두드러진다. 아이누인의 서사시는 의인화된 짐승의 일인칭 서술로 진행되고, 수렵의 신이라고 할 것은 등장하지 않는다. 유사한 형태가 변한 결과라고 하기보다 계통이 다르다고 하는 편이 타당하다.

영웅이 땅에서 솟아났다고 한 전승이 다른 데 어디에 있는지 찾으면 원주민의 계통이 밝혀질 수 있는 것은 아니다. 그런 전승이 제주도에서처럼 집중적으로 나타나는 곳은 발견되지 않는다. 멀리 가면 비슷한 것이 있으나, 뜻하는 바가 같지 않다. 영웅이 땅에서 솟았다고 하는 것은 하늘에서 내려왔다고 하는 데 대한 반론으로 마련되었다고 보는 편이 타당하다.

'창세서사시'는 천지창조의 유래를 알고 자연을 움직이는 힘을 가졌다고 자부하는 사제자가 특별한 능력을 가지고 지도자 노릇을 하면서 부른, 원시에서 고대로의 이행기의 서사시이다. 해와 달을 조절해 천체의 이변을 해결한 농사가 잘 되게 한 것을 뜻하므로 수렵민과 다른 농경민이 등장하면서 서사시가 달라졌다고 할 수 있다. 천지왕이 하늘에서 내려왔다고 하는 것은 본토에서 흔히 볼 수 있는 설정이다.

'창세서사시'는 제주도와 본토 양쪽에 다 있으면서 기본 설정이 서로 같다. 제주도에서는 하늘에서 하강한 천지왕의 두 아들 대별왕과 소별왕이, 본토에서는 소종래가 설명되어 있지 않은 석가와 미륵이 이 세상을 차지하기 위해 싸운다. 그것은 본토에서는 후대적 변모를 겪은 '창세서사시'의 고형을 제주도에서 유지하고 있는 증거라고 할 수 있다.

'창세서사시'를 필요로 하는 시대에는 주술적인 능력을 가진 사제자가 권력을 장악하고 자기 집단을 이끌었다. 고인돌이 그 시대의 산물이라고 생각된다. 제주도의 고인돌 가운데 제주시 용담동 일대에 있는 지석(支石)이 열 개 이상인 거대한 고인돌이 특이하다고 한다. 대별왕과 소별왕이 일

월의 이변을 해결하는 능력을 겨루면서 싸우는 '창세서사시'를 전승하는
집단의 강력한 통치자들이 그런 고인돌을 남겼다고 볼 수 있다.

　원주민과 이주민이 결합은 '영웅서사시'가 창조된 고대에 이루어졌다.
수렵민과 농경민이 갈등을 겪으면서 결합해서 새로운 시대로 들어선 전환
이 두 단계로 전개된 '영웅서사시'에 나타나 있다. 사냥을 하는 남자와 농
사를 짓는 여자가 혼인해 부부가 되었다고 하는 제1세대의 변화를 거쳐,
둘 사이에서 태어난 제2세대의 주인공이 뛰어난 능력으로 시련을 극복하
고 권력을 장악했다고 한 것이 고대 국가의 출현 과정이다.

　'양을나'·'고을나'·'부을나' 집단이 원주민이 아닌 이주민이라고 하는
견해가 있으나 타당하지 않다. "사냥을 해서, 가죽을 입고 고기를 먹었다"
고 한 것은 원주민의 생활이지 이주민의 생활일 수 없다. 위대한 인물은
땅에서 솟아났다는 것은 본토에는 없는 전승이다. "오곡의 씨앗"을 가지
고 바다를 건너와 '양을나'·'고을나'·'부을나'의 아내가 되었다고 한 쪽
이 이주민이다.

　외래인의 등장으로 수렵시대에서 농경시대로 이행한 것은 명확한 사실
이다. 그러면서 목축에 관한 기록은 엇갈린다. '삼성신화'에서는 "망아지
와 송아지"를 오곡의 씨앗과 함께 밖에서 가져왔다고 했다. 주호(州胡) 사
람들은 "소와 돼지 기르기를 좋아한다"고 했다. 양쪽에서 말한 바가 상치
되지 않게 이해하려면, 이미 하고 있던 수렵의 연장인 목축을 농사에 이용
하는 목축이게 한 것은 이주민이었다고 할 수 있다. 그런데 서사시에서는
사냥을 하는 남편과 농사를 짓는 아내 사이의 갈등이 이어지고, 남편이 농
우를 잡아먹자 폭발했다고 했다. 사냥만 생업으로 하고 목축은 겸하지 않
는 사람들이 원주민의 전통을 계속 이었음을 말해준다.

　이주민이 어디서 왔는지 '창세서사시'에서는 말이 없다가, '영웅서사시'

에서는 멀리 바다 건너 왔다고 하고, 구체적인 명칭이 필요할 때에는 '강남천자국', '일본', '벽랑국' 등을 들었다. 나타나 있는 말만 들어 판단한다면, '창세서사시'를 가져온 집단과 '영웅서사시'에 등장하는 이주민 집단은 서로 다르고, 뒤쪽만 이주민이라고 해야 할 것 같으나, 그럴 수 없다. 대별왕과 소별왕의 다툼으로 표현된 이주민 내부의 문제보다 원주민과의 관계가 더 중요시되는 시기에 이르자 출처를 새삼스럽게 밝힐 필요가 있었다고 보는 편이 타당하다.

이주민은 어디서 왔던가 하는 의문을 자료에 나타나 있는 그대로 '일본'이라고 하거나 '강남천자국'이나 '벽랑국'을 찾아 해결할 수는 없다. '창세서사시'의 동질성이 입증하는 바와 같이 이주민은 본토민이었다. 제주도의 원주민은 본토민과 다르지만, 이주민은 본토민이어서 제주도민이 이중의 성격을 지닌다고 해야 제주도말이 본토말과 다르면서 같은 이유를 설명할 수 있다.

본토민 가운데 부여·고구려 계통 사람들이 제주도에 이주했다고 할 수 있다. 중국에 사신으로 간 사람이 자기네는 북부여의 자손으로 고구려가 그 나라를 멸망시키자 제주도로 갔다고 한 것이 좋은 증거이다. 제주시 용담동 고분에서 발굴된 석곽묘 양식은 압록강변에 남아 있는 1세기에서 3세기의 고구려 무덤과 일치한다고 한다.

서사시는 왜 그런 사실을 말하지 않는가? 문자 기록의 도움을 받지 못해 자기네 출발지에 관한 구체적인 정보는 지니지 못하고, 백제나 신라보다 더욱 크고 훌륭한 나라에서 출발해 바다를 건너 멀리 왔다는 기억만 남은 것이 그 이유라고 생각된다. 탐라국이 본토에 복속된 뒤에는 본토민에 대한 반감 때문에, 본토와는 다른 쪽에 있는 '강남천자국'이니 '벽랑국'이니 하는 가상의 나라를 들었을 수 있다.

'일본'은 가상의 나라가 아니므로, 별도의 고찰이 필요하다. 고구려 계통의 사람들이 일본까지 갔다가 제주도로 이주한 내력을 말했을 수 있다. 탐라국이 한때 일본과 가까운 관계를 가진 사실에 근거를 두고 한 말일 수도 있다. 「삼성신화」를 기록에 올릴 때 세 시조의 배필이 되는 여자들이 본토가 아닌 다른 나라에서 왔다는 것이 사실로 인정될 수 있게 구체적으로 지적하기 위해서 일본을 들었을 수도 있다.

'영웅서사시'에 등장하는 제1세대 남녀 주인공은 모두 땅에서 솟아났다고 했다. 신을 높이기만 하다가 사람을 높여야 하는 시기에 이르자, 자연의 재앙을 해결하는 주술사 대신에 사회를 움직이는 통치자가 필요하게 되면서, 땅에서 솟아나 자연을 거역하는 힘을 가져야 집단 내외의 적대자를 누르고 지배력을 확보할 수 있다고 인정되었다.

그런데 위대한 통치자는 땅에서 솟아난다고 한 것이 원주민의 사고형태였다. 이주민이라면 하늘에서 내려왔다고 할 것을 원주민은 땅에서 솟아났다고 했다. 원주민이 그것을 상대방 이주민에도 적용해, 수렵에 종사하는 원주민 쪽의 남성뿐만 아니라 농경을 하는 이주민 쪽의 여성도 땅에서 솟아났다고 했다. '창세서사시' 시대에는 이주민이 위세가 대단해 위축되었던 선주민이 자기 쪽의 사고형태를 통일헌법으로 삼아 양쪽을 합칠 수 있게 성장했다.

땅에서 솟았다고 하는 것은 절묘한 선택이다. 하늘에서 내려온 사람은 여럿일 수 없다. 한쪽이 진실되면 다른 쪽은 거짓이다. 그러나 땅은 넓게 퍼져 있고 각기 다르기 때문에 땅에서 솟은 사람은 많을 수 있고, 어디서 솟았든지 서로 대등하다. 그렇게 말하는 것이 대등한 결합을 보장하는 최상의 방안이다. 그런 통일헌법이 대등한 결합을 보장했다. 「삼성신화」에서 원주민 쪽만 땅에서 솟았다고 한 것은 부당한 변조이다. 원주민은 움츠러

들거나 없어지고 이주민만 득세하고 번성해서 오늘에 이르렀으리라는 추측은 타당하지 않다.

그런데 결합의 구체적인 내용은 원주민 남자와 이주민 여자가 결혼한 것으로 나타냈다. 원주민은 남자만이 아니고 이주민은 여자만이 아닌데, 부당한 선택을 해서 대등한 결합의 원칙을 어겼다고 할 수 있다. 그러나 후대까지 제주도에서는 수렵이 남자의 일이고, 농사는 여자의 일이다. 원주민 쪽에서는 남자가, 이주민 쪽에서는 여자가 각기 고유한 전통을 이어, 대표자가 될 수 있다. 남녀를 차별하지 않고, 대표자다운 대표자를 선발했다.

둘의 결혼에서 다음 시대를 이끌 인물, '영웅서사시' 제2세대의 주인공이 태어났다. 그러나 부모 시대에서 자식 시대로의 이행이 순조롭게 이루어지지 않았다. 비약적인 발전에 따르는 진통이 있었다. 부모가 자식을 상자에 넣어 내다버리고, 자식은 어렵게 살아나 자기 삶을 개척했다. 자식이 대단한 능력을 가진 영웅이 되어 돌아오자 부모는 도망쳐 시대변화가 공인되었다.

그것은 영웅이 어려서 겪은 시련과 투쟁을 말하는 공통된 화소이다. 세계 도처에서 같은 전승이 발견된다. 제주도의 것도 그 가운데 하나이지만, 버림받은 아이가 해상 어느 곳에서 구출되고 바다를 건너다니는 적대자들과 싸워 용맹을 크게 떨쳤다는 사실이 특이하다. 그것은 역사적 사실을 암시하는 의미를 지닌다고 생각된다. 제주도는 섬이니까 그런 상상을 할 수 있는 곳이라고 하고 말 것은 아니다. 제주도 서사시의 여러 유형 가운데 제2세대의 활약을 다룬 '영웅서사시'에만 해상 활동이 나타나 있는 것은 그 유형이 이루어질 시기에 그런 활동이 특별한 의미를 가졌기 때문이라고 보는 편이 타당하다.

사냥, 사냥과 농사의 결합이 각기 중요시되던 단계를 지나 해상 활동의 시대에 이르면서 서사시가 달라졌다. 해상 활동이 어업을 말한 것은 아니다. 제주도 사람들의 생활에서 어업은 사냥과 농사 못지않게 긴요하므로 특별히 다룰 만하지만 그렇게 하지 않고, 바다로 나가 적대자들과 싸워 승리하는 것이 해상 활동의 내용이다. 생업의 확장에 대해서는 더 말하지 않고, 군사력을 가진 지배자가 등장하는 과정을 그렸다. 해양 활동에서 입증된 힘은 제주도 안의 지배질서를 바꾸기에 충분했음을 말해준다고 보아 마땅하다.

그것이 바로 고대국가가 등장하는 시기의 변화이다. 새 시대의 주역이 해양 활동을 통해 고대국가를 창건하는 데 필요한 권력을 획득하고, 탐라국을 창건했다. 해양 세력은 수렵민이 차지하고 있던 권력을 빼앗고, 수렵민과 농경민의 갈등을 해결해, 섬 전체를 통합하는 국가를 창건했다. 사제자는 권력을 잃고 굿을 하는 일을 맡아, 자연을 움직이는 힘보다 적대자와 싸워 이기는 힘이 더욱 중요시되는, 지배자 찬양의 건국서사시를 노래하게 했다.

해상 활동의 상대방에는 본토의 여러 세력도 포함되었겠는데 서사시에서는 그 점에 관해서는 말이 없고, 남쪽의 여러 섬을 왕래한 경험을 암시하기만 했다. 본토와의 관계를 불편하게 여긴 시기에 와서 변한 내용이 아닌가 한다. 실제 상황에서는 탐라국이 동아시아 국제사회의 일원이 되어, 백제, 신라, 일본, 중국 등과 외교관계를 가지고 왕래하면서 교역을 했다. 상대방에 비해 모자라지 않는 정치적 역량, 군사력, 항해능력 등을 두루 갖추었기 때문에 그럴 수 있었다.

그러나 탐라국은 고대국가에 머물고 중세국가로 발전하지 못했다. 문자 기록을 남기지 못하고 역사를 서술하지 않은 것이 그 증거이다. 그러나 중세국가들끼리의 외교관행을 어느 정도까지 이해하고 실행하는 수준에는 이르렀다. 『구당서(舊唐書)』에 전하는 다음과 같은 기사는 탐라국의 내부 사정과 국제적인 위치에 관해 많은 자료를 제공해준다. 필요한 연대를 괄호 안에 넣는다.

용삭(龍朔, 661~663) 초년에 담라(儋羅)라는 곳의 왕 유리도라(儒李都羅)가 사신을 보내 입조했다. 그 나라는 신라 무주(武州) 남쪽 섬에 있다. 풍속이 질박하고 누추하다. 옷은 개나 돼지의 가죽이다. 여름에는 풀집에서 살고, 겨울에는 동굴을 집으로 삼는다. 땅에서 오곡이 나지만, 소를 사용해 경작할 줄 모른다. 쇠스랑으로 땅을 간다. 처음에는 백제에 소속되었는데, 인덕(麟德) 연중(664~665)에 그 추장이 입조해 제(帝)를 따라 태산(太山)에 이르렀다. 그 뒤에 신라에 소속되었다. 개원(開元) 1년(723)에 또한 달미루(達未婁)와 달구(達姤) 두 부(部)의 수령이 조공하러 왔다. 달미루는 스스로 북부여의 후예라고 하고, 고구려가 그 나라를 멸망시키자 남은 사람들이 나하(那河)를 건너와서 그곳에서 산다고 했다.

'탐라'를 '담라(儋羅)'라고 표기한 것을 보면 그 말이 한자어가 아닌 고유어이다. 그 통치자가 당나라의 책봉을 받아 왕(王)이라고 했으니, 백제나 신라와 대등한 독립국이다. 천자의 책봉을 받은 나라는 대등한 독립국이라는 것이 동아시아 책봉 체제가 보장하고 있는 기본 원칙이다. 동아시아뿐만 아니라 다른 중세 문명에서도 함께 이룩된 책봉 체제는 그런 공통점을 가졌다. 탐라가 백제나 신라에 소속되었다는 것은 책봉 체제와는 다른 차원의 부차적인 사항이다. 힘의 우열 때문에 양자 간의 평등은 깨어졌어도 열세인 쪽이 책봉국의 지위를 잃지 않으면 독립을 유지하는 것으로 동아시아 국제사회에서 공인되었다.

위에서 든 『신당서』의 기록을 보면 탐라에서 목축을 많이 하고 농업도 함께 했음을 알 수 있는데, 농업기술은 발달하지 않았다. 그 점에서는 농업기술을 전수한 이주민의 구실이 그리 크지 않았음을 알 수 있다. 그러나 탐라국이 이웃나라와 외교적인 교섭을 할 수 있었던 것은 이주민이 전래한 능력 덕분이었다고 할 수 있다. '달미루'와 '달구'에 대한 기록이 그 점을 입증해준다.

그 두 사람은 자기 부(部)의 수령이면서 사신이 되어 갔다. 나라 안에 독자적인 세력이 있고, 아마도 지위를 세습했을 듯한 그 수령들이 자기네의 존재를 당나라에 알렸다. 그렇지만 수령이라는 사람들이 전통적인 권위나 무력으로 지배자 노릇을 한 것만은 아니고, 사신의 임무를 감당할 만한 학식을 갖추었다. 조상이 북부여에서 왔다고 분명하게 말한 것은 기록이 있었기 때문이다. 이주민이 부의 수령 노릇을 하면서 자기네의 내력을 기록에 근거를 두고 분명하게 알고 있었다. 상당한 정도로 중세화한 지식인이 있었음을 알려준다.

탐라국의 건국서사시는 그런 나라를 세운 내력을 말하고 있다. 재래의 수렵민과 외래의 농경민이 결합되어 생산력을 발전시킨 토대 위에서 안으로 정치적인 통합을 이룩하고 밖으로 주권을 지키는 영웅이 해상 활동을 통해 힘을 키워 작지만 당당한 나라를 세운 위업을 나타냈다. 재래의 수렵민과 본토에서 이주한 농경민이 결합된 제주도민이 이룩한 역사를 증언했다.

탐라국이 망하자 건국서사시는 해체되고 마을마다의 당본풀이에 흡수되었다. 당본풀이 가운데 탐라국 유민의 항거 의지를 보여주는 후대의 '영웅서사시'도 있다. 당본풀이가 아닌 일반본풀이 '범인서사시'가 다수 이루어져, '영웅서사시'의 유산을 이으면서 중세 이후의 새로운 사고방식을 나타냈다.

• 탐라의 역사를 가능한 모든 자료를 동원해 충실하게 써야 한다.

탐라 유민의 항거 영웅서사시, 양이목사

신앙서사시를 변형시키는 그런 방법을 쓰지 않고, 영웅서사시를 다시 만들어 중앙정부에 대한 제주도민의 항거를 나타낸 것도 있다. 「양이목사 본」이 그런 작품의 본보기이다. 주인공 양이목사는 영웅이다. 그런데도 '영웅의 일생'을 갖추지 못하고 있으며, 탁월한 능력을 가지고 있어도 싸워서 이길 수는 없다는 패배의식을 나타내고 있다. 탐라국이 망한 다음 제주도민이 자주성을 상실한 시기에 영웅서사시가 어떻게 변모되었는지 거기서 확인할 수 있다.

양이목사라는 인물은 본토에서 부임한 목사이면서 제주도 토착세력의 대표자이기도 한 이중성이 보인다. 서두에서는 양이목사가 "상서울 상시관의 멩을 받아" 제주목사가 되었다고 했다. 저 높은 곳 서울의 상시관(上試官)의 명을 받았다고 했으니, 자기 스스로 제주도민의 지도자가 될 수 있었던 것은 아니다. 서울에서 제주로 부임한 목사가 제주도민을 위해서 싸우다 죽었다고 이해할 수 있게 했다. 국가의 명령에 항거하다가 금부도사와 싸워 죽게 된 결말 대목에서는 양이목사가 스스로 말하기를 자기는 탐라국 건국서사시의 주인공 '고이왕'·'양이왕'·'부이왕'의 하나인 '양이왕'이라고 하고 자손 대대로 제사를 받들어달라고 했다.

국왕이 제주도민에게 일 년에 백마 백 필을 진상하라고 명령해서 충돌이 생겼다. 그 부담이 너무나도 과중해서 견딜 수 없었다. 양이목사는 부당한 요구를 감수하고 있을 수 없어, 서울에서 진상용 백마 백 필을 팔아 제주도민에게 필요한 물품을 사 가지고 돌아왔다. 상시관이 그 일을 알고 금부도사를 시켜 양이목사를 죽이라고 했다. 양이목사는 과도한 진상 요구 때문에 제주도민이 견딜 수 없어 그렇게 한 뜻을 임금에게 알리라고 금부도사에게 호령했다. 무릎을 꿇고 그 말을 듣던 금부도사가 기습해서 양이목사를 잡아 묶고 목을 쳤다. 그 다음에는 다음과 같은 일이 벌어졌다.

> 뱃장 아래로 떨어지는 양이목사 몸뚱이는
> 용왕국 절고개에 떨어지니,
> 어느 새 청룡 황룡 백룡으로 몸이 변신되어,
> 깊은 물속 용왕국으로 들어갑니다.
> 양이목사 머리를 안아 붉은 피를 닦고,
> 두판 위에 머리를 놓아 흰 포를 덮고,
> 금부도사 오른 배에 이물에 놓았더니,
> 몸둥이 없는 양이목사가
> 고씨 사공에게 마지막 소원으로,
> "환고향(還故鄉) 들어가면,
> 영평(永平) 팔년 을축(乙丑) 열사흘
> 자시생(子時生)은 고(高)이왕, 축시생(丑時生)은 양(梁)이왕,
> 인시생(寅時生)은 부(夫)이왕, 삼성 가운데
> 토지관(土地官) 탐라양씨(耽羅梁氏) 자손만대까지
> 대대전손해서 신정국을 내풀리고,
> 이 내 역사(歷史)상을 신풀어, 난산국(産國)을 신풀면,
> 우리 자손들에게 만대유전 시켜주마."

양이목사가 금부도사 손에 죽어 이런 처참한 광경이 벌어졌다고 했다. 자기 나라를 잃고 외압에 시달리는 사람들이 겪은 비극을 이렇게까지 파헤쳐 보인 서사시의 다른 예를 세계 어디서도 더 찾아볼 수 없다. 몸뚱이

가 배 아래로 떨어져 용왕국으로 들어갔다고 한 데서는 바다에서 표류하다가 용왕국에 이르러 용왕의 사위가 되었던 선조 영웅들의 자랑스러운 내력을 되새긴다. 목은 배 위에 남아서 피를 흘리면서도, 탐라국의 역사가 시작되게 한 고·양·부 세 성의 전통을 이어나가야 한다고 했다.

자기 가문 탐라양씨(耽羅梁氏)는 외부인의 지배하에서도 토지관(土地官)의 지위를 이어나가니, 자기가 싸우다 패배한 이야기도 자손만대 전하라고 했다. "대대전손해서 신정국을 내풀리고, 이 내 역사(歷史)상을 신풀어, 난산국(産國)을 신풀면"이라고 한 대목은 무슨 뜻인지 정확하게 알기 어려우나, 자기 내력을 본풀이로 전하라는 말로 이해할 수 있다. 여러 단계의 영웅서사시가 누적되고 중첩되어 있으면서 마지막은 아주 비참하다.

• 본토 왕조의 억압에 대한 탐라 유민의 항거가 처절하게 전개되었다.

장수 이야기

제주도는 장수 이야기의 고장이다. 여러 시대에 이루어진 갖가지 장수 이야기가 한라산 봉우리처럼 쌓여 있다. 경치나 보고 감탄하는 관광객은 짐작도 못 할 유산에 시련과 싸워온 삶의 의지가 집약되어 있다.

실제 인물 김통정(金通精)을 영웅으로 받드는 이야기도 있다. 몽골군이 침공해 고려를 지배하자, 김통정은 몽골에 대항하는 군대를 이끌고 남하해 진도(珍島)를 거쳐 제주도에 들어와 애월읍 고성리(古城里) 항바두리에다 성을 쌓고 항전했다. 1273년(고려 원종 14)에 김통정이 패배해, 제주도는 몽골에 직접 복속되는 시련을 겪었다. 김통정을 숭앙하는 전승이 곳곳에 다채롭게 있다.

김통정은 어머니가 지렁이와 관계해 낳은 자식이고, 온몸에 비늘이, 겨드랑이에는 날개가 돋았다고 한다. 싸우다 죽으면서 "내 백성일랑 물이나 먹고 살아라"라고 하면서 발로 바위를 차자 물이 솟아올랐다고 한다. 거기서 그리 멀지 않은 고내리(高內里)에 김통정을 모신 신당이 있다. 제물로 바친 비단 보자기에 "삼천백마(三千白馬)"라고 쓴 문구가 있다. 3천 필의 백마를 탄 군사를 거느리고 다시 일어나라고 기원한다.

조선왕조 숙종 때 서귀포 중문리(中文里) 무우남밭에 살던 이좌수(李座首)는 언제나 눈을 반쯤 감고 다녔다. 눈을 치켜뜨면 나는 새가 떨어지기 때문이었다. 한번은 사또가 눈을 크게 뜨라고 하다가 자빠지고 말았다. 국마(國馬) 기르기를 빙자해 백성을 수탈하는 관원들을 제주목사에게 고해 징치하자 남은 패거리가 달려들었는데, 눈을 부릅뜨자 다 도망쳤다. 이런저런 이야기가 많이 전한다.

구좌읍 한동리(漢東里)에 괴범천총이라는 장수가 살았다. '괴'는 마을 이름에서 따온 말이고, '범'은 눈이 범 같아서 하는 말이고, '천총'(千摠)의 직책을 맡은 적 있어 한 마디 더 들어갔다. 제주 목사 행차가 밭으로 지나가다가 농사를 망치는 일이 있어, 밭 어귀에 앉아 눈을 치켜뜨니 목사 일행이 이리저리 흩어져 멀리 돌아갔다. 엄청난 능력을 마땅하게 쓰는 방법을 찾지 못했다.

중문리의 막산이는 종이었다. 하루는 주인집에서 50명이나 되는 일꾼들의 점심을 준비하느라 야단법석이었다. 막산이는 주인에게 50인분의 점심을 모두 주면 혼자 일을 다 해내겠다고 하고 허락을 얻었다. 미심쩍었던 주인은 점심때쯤 되어 막산이가 일하는 곳으로 가보았다. 논밭을 멀찍이서 바라보았으나 먼지가 구름처럼 자욱하여 아무것도 분간할 수 없었다. 먼지가 가라앉은 뒤에 보니 일이 모두 끝나 있었다. 주인은 막산이의 힘에 놀라고, 막산이의 먹성에 더 놀랐다. 그래서 막산이를 먹여 살릴 수 없다고 판단하고 종문서를 내어주며 내쫓고 말았다. 막산이는 갑작스럽게 쫓겨나 먹고 살길이 막막하였다. 하는 수 없이 제주목과 대정현을 오가는 길목에 숨어 지내면서 남의 소를 빼앗아 잡아먹다가 잡혀 죽고 말았다. 힘이 장사이면서 지혜도 갖춘 정운디라는 인물에게 잡혀 죽었다고 하기도 한다.

서귀포시 대정읍 일대에서 장사로 이름난 찰방 오영관, 오찰방이라고 불리는 인물에 관한 전설이 있다. 오찰방의 아버지는 처음 아내가 임신하였을 때 소 열 마리를 먹였으나 딸을 낳았다. 아내가 다시 임신하자 딸을 얻게 될 것을 염려하여 이번에는 소를 아홉 마리만 먹였다. 그러자 이번에는 아들을 낳았고, 이 아들이 바로 오찰방이다. 오찰방은 힘이 장사여서 씨름판이 벌어지는 곳마다 나가서 항상 이겼다. 누구 하나 대적할 만한 자가 없어 곧 기고만장해졌다. 하루는 이웃 마을 씨름판에 갔는데 역시 대적하는 자가 없었다.

누구 제대로 된 놈 없느냐고 큰소리를 치고 있는데, 그때 어떤 총각이 나섰다. 이번에는 오찰방이 힘을 제대로 써보기도 전에 그만 지고 말았다. 오찰방은 집으로 돌아가서도 분을 이기지 못하였다. 그 모습을 보고 누이가 그 총각이 자기였다고 말했으나, 오찰방은 믿을 수 없었다. 그러자 누이가 오찰방의 신발을 벗겨 대들보에 끼워버렸다. 오찰방이 힘을 써보았으나 꺼내지 못했다. 그러나 누이는 가볍게 대들보를 들고 신발을 꺼내어 힘을 입증했다. 오찰방은 이에 누이의 말을 믿게 되었고 다시는 오만한 생각을 하지 않았다.

오찰방은 자신의 능력을 온 나라에 떨치기도 했다. 나라에서도 처리하지 못한 도적을 잡아 바치는 공을 세워 찰방 벼슬을 하였다고 한다.

• 제주는 수많은 장수가 패배하고 좌절한 내력이 누적된 곳이다.

혈을 뜨러 온 고종달

중국의 진시황이 제주도에 왕후지지(王侯之地)가 있음을 알고 고종달을 보내 그 맥을 끊도록 했다. 산방산에서 바다로 뻗어 내린 바위언덕이 바로 용의 형상임을 알고 고종달은 용의 등을 단칼에 베었다. 그러자 산방산 일대가 붉은 피로 물들고, 용의 슬픈 울음소리가 사계리를 뒤덮었다. 용의 죽음으로 그 지역에서 큰 인물이 나지 않게 되었다.

진시황의 왕비가 죽었다. 왕은 후궁을 구하기 위해 신하들을 사방에 풀어 미인을 구하라고 했다. 신하들이 여러 곳에서 미인을 골라 바쳤지만 왕은 고개를 내저었다. 신하들은 미인을 찾아 제주에까지 왔다. 그리고 의외로 천하일색을 발견해 왕에게 데리고 갔다. 그렇게 까다롭던 왕의 얼굴이 기뻐서 어쩔 줄을 몰랐다. 그 여인은 백정 집안 출신인데 미모가 그렇게 뛰어났던 것이다.

후궁이 된 여인은 얼마 뒤 태기가 있더니 열 달 만에 커다란 알 다섯 개를 낳았다.

알이 점점 커져 집 안에 가득해지더니, 깨지면서 알 하나에 백 명씩 장군 오백이 튀어나왔다. 오백 장군은 날마다 "칼 받아라, 활 받아라" 하며 뛰어다녔다. 그 장군들 때문에 나라가 망할 것 같아, 진시황은 어떻게 처치해야 할지 걱정이 태산 같았다.

어느 날 용한 점쟁이에게 점을 쳤다. "제주에 있는 장군혈의 정기로 이런 장군이 태어난 것입니다. 가서 그 장군혈을 떠버려야 합니다." 진시황은 곧 고종달이를 시켜 제주의 모든 혈을 떠버리라고 했다.

지리서를 들고 제주를 향해 떠난 고종달이의 배는 구좌면 종다리에 도착했다. 배에서 내린 고종달이는 인가를 찾아 여기가 어디냐고 물었다.

"종다리요."

"내 이름을 동네 이름으로 쓰다니, 무엄하구나."

화가 난 고종달이는 우선 종다리의 물 혈부터 뜨기 시작했다. 그리고 서쪽으로 가면서 온갖 혈을 뜨고 다녔다.

어느 곳엔가 이르러 고종달이는 한 혈을 발견하고 혈 가운데다 쇠꼬챙이를 쿡 찔렀다. 마침 옆에서 어떤 농부가 밭을 갈고 있었다.

"어떤 일이 있어도 이 쇠꼬챙이를 빼서는 안 되오."

고종달이는 농부에게 신신당부하고 다음 혈을 뜨러 갔다.

조금 있으려니 어떤 백발노인이 농부 앞에 나타나 매우 고통스러운 듯 울면서 애원했다.

"제발 저 쇠꼬챙이를 빼주시오."

농부는 예삿일이 아니라고 느끼고 쇠꼬챙이를 뽑았다. 쇠꼬챙이가 꽂혔던 구멍에서 피가 좍 솟아올랐다. 노인이 얼른 그 피를 막자 평소 상태로 돌아왔다. 농부가 정신을 차려보니 백발노인은 어디론가 사라져버리고 없었다.

그 혈은 말혈(馬穴)이었다. 다행히 쇠꼬챙이를 뽑아버렸기 때문에 제주에 말은 나는데, 피가 솟아버렸기 때문에 제주도의 말은 몸집이 작아졌다고 한다.

고종달이는 제주시 화북마을에 이르렀다. 들고 온 지리서에 적혀 있는 '고부랑나무 아래 행기물'이란 물혈을 끊기 위해서였다. 고종달이가 지리서를 보며 마을 안으로 들어설 즈음, 어느 밭에서는 한 농부가 밭을 갈고 있었다.

그 밭으로 한 백발노인이 헐레벌떡 달려오더니 농부를 보고 매우 급하고 딱한 표정으로 하소연했다.

"저기 물을 요 행기(놋그릇)로 한 그릇 떠다가 저 소 길마 밑에다 잠시만 숨겨주십시오."

농부는 백발노인이 하도 다급해 보여 영문을 물어볼 겨를도 없이 부탁을 들어주었다. 그랬더니 노인이 행기의 물속으로 살짝 들어가 사라져버리는 게 아닌가! 그 노인은 수신(水神)이었다.

농부는 무슨 심상치 않은 일이 벌어지려나 보다 생각하며 다시 밭을 갈기 시작했다.

조금 있으려니 어떤 부리부리한 사내가 개를 데리고 나타났다. 바로 고종달이었다. 고종달이는 지리서를 들여다보며 노인에게 물었다.

"여기 고부랑나무 아래 행기물이란 물이 어디 있소?"

농부는 처음 듣는 샘물이었다.

"내 평생 이 마을에 살고 있지만 그런 물이 있다는 말은 들은 적이 없소."

고종달이는 책을 자세히 들여다보며 중얼거렸다.

"이상하다. 여기가 틀림없는데."

고종달이가 가진 지리서가 어찌나 잘 되어 있는지, 수신이 행기 속의 물에 들어가 길마 밑에 숨을 것까지 다 기록되어 있었던 것이다. 고부랑나무란 길마를 말하는 것이고, 행기물이란 행기 그릇에 떠놓은 물을 말하는 것이지만, 고종달이는 그 뜻을 몰랐던 것이다. 농부 또한 알 리가 없으니, 그런 샘물은 없다고 대답할 밖에 없었다.

그런데 고종달이가 데리고 온 개가 물 냄새를 맡고 길마 있는 데로 갔다. 농부는 햇볕을 받지 않게 하려고 길마 밑에다 점심밥을 놓아두었는데, 개가 그것을 먹으려는 줄 알고 쫓았다.

"요놈의 개가 어디 내 점심밥을 먹어보려고!"

농부가 막대기를 들어 때리려 하자 개는 저만큼 도망가버렸다.

"이놈의 지리서가 엉터리로구나!"

고종달이는 암만 찾아봐도 샘물이 없자 지리서를 찢어 던져버리고 개를 데리고 가버렸다.

그래서 화북리의 물 맥은 끊어지지 않아 지금도 샘물이 솟고 있다. 그때 행기그릇 속에 담겨 살아난 물이라 해서 '행기물'이란 이름이 붙었고 오늘날까지 그 이름으로 부르고 있는 것이다.

• 중국이 조선을 억누르려는 책동을 제주민이 나서서 막았다고 자부하는 이야기를 이렇게 한다. 길마는 소 등에 얹어 물건을 나르는 도구이다.

고종달은 호종단(胡宗旦)을 제주도에서 일컫는 이름이다. 호종단은 『고려사』권97 열전10에서 소개한 인물이다. 중국 송나라 사람인데, 1100년대에 고려로 귀화하자 예종이 벼슬을 주고 총애했다. "성품이 총명하고 민첩하며, 배운 것이 많고 글도 잘 지었으며, 가벼운 기분으로 즐겁게 지냈다"고 했다. 또한 "잡술에도 통달해 염승(厭勝)의 술수를 자주 보인 까닭에 임금도 혹하지 않을 수 없었다"고 했다. 염승이란 귀신을 움직여 남에게

화를 입히는 짓이다.

1349년(고려 충정왕 1)에 쓴 이곡(李穀)의 「동유기(東遊記)」에서, 호종단이 금강산 일대를 돌아다니며 비문을 긁어버리고 종 같은 것들을 못 쓰게 만들었다고 했다. 들은 이야기의 증거를 현지에서 확인할 수 있었다고 했다. 사선정(四仙亭)에 오른 감회를 적은 대목을 하나 들면, "이 호수가 사선이 놀고 간 36봉이라 하며, 봉우리에 비가 있었는데 호종단이 모두 가져다 물속에 넣었다고 한다"고 했다.

호종단이 문화재를 파괴하는 반사회적인 범죄를 저질러 용서할 수 없는 짓을 했다고 하겠으나 나무라지는 않았다. 동기는 덮어두고 어째서 그처럼 초인적인 능력으로 기이한 짓을 했던가에 관심을 가지도록 한다. 그 위인이 장난꾼 난폭자가 아니었던가 하고 생각하게 한다.

1486년(조선 성종 17)에 간행된 『동국여지승람』 제주도 사묘(祀廟) 대목에는 다른 말이 있다. 호종단이 제주도에 와서 땅의 정기를 누르고 돌아가다가 한라산 산신의 아우가 매가 되어 돛대 머리로 날아오르니 배가 파선해 죽었다고 했다. 백여 년이 지나는 동안에 말이 이렇게까지 달라지기는 어려우므로 지역적인 변이가 있었다고 보아 마땅하다.

오늘날에는 그 인물이 제주도에서 땅의 정기를 눌렀다는 이야기가 파다하다. 호종단을 친근한 이름으로 바꾸어 고종달이라고 한다. 낯선 성인 '호' 대신에 제주도에 있는 흔히 있는 성 '고'를 사용해 가까워지도록 했다. 제주도에 종달이라는 지명이 있어 당황해했다는 말을 하기 위해서도 종달이라고 일컬을 필요가 있었다. 호종단이 고종달로 되어 이야기 내용에서도 커다란 변화가 일어났다.

고종달 이야기에서는 본토와 제주도의 갈등을 말하지 않고, 중국과 한국의 갈등을 문제로 삼았다. 본토와의 갈등을 넘어서는 길을, 더 큰 갈등을 감당하는 데서 찾았다고 할 수 있다. 제주도가 중국과 대결할 수 있는 제왕이 태어날 곳이기에 수난을 당했다는 것은 제주도가 한국에서 으뜸이라는 말이다. 제주도의 자부심을 나타내는 데 이 이상 설득력 있는 설정을 생각하기 어렵다. 수난을 당한 비극을 말했다고 해서 패배의식에 사로잡혔다고 할 것은 아니다. 전체 한국의 선두에 나서서 승리하는 결말을 이룩했다. 탐라국은 망한 뒤에 다시 일어나지 않았지만 제주도민은 주체의식을 자부심으로 삼아 굳건하게 살아왔다고 증언한다.

수난과 비극만 말한 것은 아니다. 고종달이 샘물을 소 길마 밑에 숨긴 농부에게 속고, 샘물의 신을 이겨내지 못하고, 한라산 산신에게 당해 죽고 말았다고 해서 민족의 역량을 다층적으로 나타냈다. 길마, 소, 농부, 할아버지 모습을 한 샘물의 신, 한라산 산신이 아래에서 위로 올라가는 층위에 따라 설정되어 각기 그 나름대로 자기의 역량을 발휘했다고 했다.

김녕사굴의 뱀 퇴치 설화

제주도 만장굴과 김녕굴은 제주도 동북쪽에 있는 용암동굴이다. 김녕굴과 만장굴은 원래 하나로 이어진 굴이었으나 천장이 붕괴되면서 두 개로 나뉘었다. 만장굴은 총길이가 8,924미터나 된다. 밑에 있는 김녕굴은 705미터이다. 김녕사굴(金寧蛇窟)로 널리 불리며, 이에 관한 전설이 있다.

중종 10년(1515), 19세 서린(徐憐)이 제주판관으로 부임해 아전들로부터 김녕굴의 뱀 이야기를 들었다. 그 크기가 닷 섬 들이나 되는 커다란 뱀이 요기를 부려 흉한 이변을 일으키므로, 주민들이 해마다 술과 음식을 차려 제사를 지내면서 15세 소녀를 바친다고 했다.

서린은 이 몹쓸 요물을 없애겠다고 작정했다. 날래고 힘센 군사 수십 명

김녕사굴

을 선발해 거느리고 김녕굴로 향했다. 해마다 하는 것처럼 주민들이 술과
음식을 바치고 15세 소녀를 굴 입구로 들여보내니, 큰 뱀이 나와 소녀를
잡아먹으려고 했다.

서린은 즉각 달려 나가가지고 큰 창으로 뱀을 찌르자 군사들도 소리를
지르며 칼과 창으로 뱀을 난자했다. 뱀을 끌어내 불로 태우니 더럽고 비린
냄새가 천지에 진동했다. 서린이 뱀을 죽인 후 말을 타고 제주성으로 돌아
오는 동안 등 뒤로 한 줄기 붉은 요귀가 구름을 타고 뒤따랐는데, 서린은
제주성 관아에 도착하자 말 위에서 쓰러져 10여 일 후 사망했다.

이처럼 거대한 뱀을 죽였다는 이야기는 안덕면 덕수리의 광정당 전설,
토산 8일당 본풀이, 예촌 본향당 본풀이 등에도 있다. 모두 뱀을 죽여 승
리를 거두고, 징치자가 보복을 당했다는 공통점이 있다. 중앙에서 파견된
관리가 백성을 보호하는 정당한 통치를 한다고 인정하고서도, 재래의 신
앙을 없애는 데 반발을 하는 이중의 의미를 지녔다.

• 뱀의 신을 죽인 영웅의 이야기가 제주민의 신앙을 탄압하는 조선왕조

의 정책과 결부되어 전개되었다.

무속을 금지한 이형상

이형상(李衡祥)은 유교의 이념을 실천하는 목민관이었다. 청주, 동래, 양주, 경주, 제주 등 9개 큰 고을의 수령을 지냈지만 집터 하나 마련하지 않았고 떠날 때는 늘 책 몇 권만 들고 다니던 청백리였다.

1703년 제주목사로 부임하여 당 129개소와 모든 무구들을 불태워버리고, 1천 명의 무당들을 모두 귀농시켜 더 이상 무속행위가 일어나지 않게 조치했다. 또한 일부다처제를 금지시키고, 해녀가 나체로 바다에서 작업을 못 하게 금지하고 작업복을 입게 했다.

안덕면 화순항 옆에 우뚝 서 있는 산방산 서쪽에 사당이 한 채 있었다. 모두들 이 사당을 지나가려면 절을 해야 했고, 절을 하지 않으면 이상하게도 발걸음이 떨어지지 않았다. 이형상이 순시차 이곳을 지나게 되었다.

사당 앞에 이르자 부하들이 나서서 알렸다. "사또 나리께 아뢰오. 이곳 사당은 요사스럽기 그지없으니 누구든 이곳을 지나갈 때면 말에서 내려야 한다 하옵니다. 통촉하시길 바라옵니다." 이형상은 낯을 찌푸리고 노기를 띠었다.

"괘씸한지고! 말을 타고 갈 수가 없다고? 나는 내리지 않겠노라."

"아니옵니다. 말을 내리시고 절을 하지 않으면 말발굽도 떨어지지 않는다고 하옵니다."

"에잇, 미욱한 것들! 무슨 소리냐. 그대로 가자."

부하들은 하는 수 없이 그대로 지나갔다. 아닌 게 아니라 발이 떨어지지 않았다. "어허 괴이하도다." 목사는 당황하여 말에서 내려서 절을 했다. 그러나 역시 발이 떨어지질 않았다. 아마도 당주가 단단히 노한 모양이었다.

"이봐라. 안 되겠구나, 무당을 불러서 굿을 해야겠다."

그러자 커다란 이무기가 나타났다. 원래 사당의 당주는 그 이무기였던 것이다. 덤벼드는 이무기에 목사는 "죽여라" 하고 소리를 지르며 부하들에게 호령을 내렸고, 군관 한 명이 나서 이무기의 목을 댕겅 잘랐다. 목사는 사당에 불을 지르라고 명령했고 불길이 하늘을 찌를 듯이 솟구치고 이무기가 타는 냄새가 코를 찔렀다. 이윽고 불이 꺼지자 인마를 수습하여 관아로 돌아가서 제주도 전역에 걸쳐 사당 오백 채와 사원 오백 채를 없앴다.

• 앞의 이야기에서 서린이 한 일을 다시 하고 이형상은 무사했다. 제주민이 섬기는 뱀의 신과 싸워 국가 권력이 승리했다.

김윤식의 제주살이

「제주잡영(濟州雜詠)」 22수

김윤식(金允植)은 1896년부터 1907년까지 제주도에서 유배생활을 하는 동안에 많은 작품을 남겼다. 그 가운데 하나인 「제주잡영」에서는 제주의 이모저모를 자세하게 그렸는데 그중 몇 편을 든다.

삼혈에 신비한 자취 있으니	三穴留神蹟
천년 전 첫 터를 연 곳이라	千年鬪肇基
어찌해서 숭보당에	奈何崇報地
향을 내리는 의식을 하지 않을까	不見降香儀

• "고(高)·부(夫)·양(良) 삼성혈(三姓穴)이 남쪽 성 밖에 있다. 본래 사전 (祀典)에 들어 있었는데 갑자년(1864, 고종1) 이후에 폐지하였으니 실로 흠 전(欠典)이라 하겠다"는 설명을 달았다. 헌종 때, 방어사 장인식(張寅植)은 숭보당(崇報堂)을 세웠다.

신령한 구역 속세와 멀어	靈區隔世塵

풍속이 주진촌과 흡사하네	風俗似朱陳
어린아이들 말소리 활기차지만	童穉語音好
응당 세상 피해 온 사람 많으리라	應多避世人

• "읍지(邑誌)에 실린 선인들 제영(題詠)에는 제주를 주진촌으로 일컬은 경우가 많다. 대개 세상 밖의 한가로운 구역이라 스스로 서로들 겹사돈을 맺는 것이 옛날의 주진촌과 같다. 근년엔 육지인이 어지러움을 피하여 와서 사는 경우가 많다"는 설명을 달았다. 중국에서 "주(朱) 진(陳)" 두 성이 화목하게 산 마을을 주진촌이라고 했다.

촘촘한 그물로 초가지붕 덮었고,	密網冪茅屋
차가운 안개 돌담을 휘감네.	寒煙縈石墻
종알종알 촌 아낙들 말을 하니	喃喃村婦語
풍속이 부상과 비슷하네.	風氣近扶桑

• "토속어는 일본어와 발음이 서로 유사하다. 촌 아낙은 더욱 심하다"는 설명을 달았다. "부상(扶桑)"은 일본을 지칭하는 말이다.

산 북쪽은 맑은 바람 넉넉하고,	山北淸風足
산 남쪽은 습습한 비가 내리네.	山南瘴雨垂
서쪽 밭두둑 일찍 봄일 시작되고,	西疇春事早
이월엔 노란 꾀꼬리 소리 들리네.	二月聽黃鸝

• "이곳에는 꾀꼬리가 없는데, 토속민들이 제호(提壺)를 잘못 알고서 꾀꼬리라고 여긴다"라는 설명을 달았다. "제호"는 제비와 비슷한 황갈색 새이다.

아스라한 영주산 위	縹渺瀛洲上
깊은 구름에 난새와 학 머무네.	雲深鸞鶴停
어느 때에 꼭대기에 올라,	何時登絶頂
노인성 굽어볼까	俯看老人星

• 노인성은 하늘 남쪽에 있는 별이다.

멀리 동무산협 바라보니,	遙望東巫峽
옛날 동천이라고 전하네.	相傳古洞天
그늘진 등성이엔 흰 눈이 남고,	陰岡留白雪
단조에선 푸른 연기 흩어지네.	丹竈散靑煙

• "동무산협"은 한라산 동북의 협곡이다. "동천(洞天)"은 신선이 사는 곳이다. "잔조(丹竈)"는 신선이 선약을 만드는 화덕이다.

설날에 그네 타러 모이니	元日鞦韆會
단장한 모습 나무 끝에 나타난다.	靚妝出樹端
비단 저고리에 땀과 분 배여도,	羅襦沾粉汗
염려 없이 추위 속에서 논다.	不怕弄輕寒

봄을 맞아 고각 부니	迎春鼓角發
먼저 목우 보내 밭을 가네	先遣木牛耕
먼 객지에서 좋은 계절 만나니	殊域逢佳節
문 너머에서는 웃고 얘기하는 소리.	隔門笑語聲

• 관아에서 입춘굿을 거행한 것을 말한다.

물 지느라 여인의 어깨 무겁고.	擔水香肩重
땔감 패느라 팔은 비틀어졌다.	揎薪玉腕斜
생각난다, 전에 서울 아이가	憶曾京裏子
사흘 밤 내 집에 묵고 간 때가.	三夜宿儂家

• 귀양살이가 고생스럽다는 말이다.

낭군은 조천포에 살고.	郎住朝天浦
저는 산 아래 물 아래 살아요,	妾居山底瀨
봄이 와 장삿배 모여들 때면,	春來商舶湊
두 곳의 풍경이 새롭답니다.	兩地物華新

• 지방민이 부르는 노래를 옮겼다.

삼년 남짓 등불 아래 고생해도	三餘燈下苦
장사로 이익 얻지 못하네.	不及操奇贏
힘을 써서 조수 타고 나갔다가	努力乘潮去
돌아오면 오마의 영광이라네.	歸來五馬榮

• "오마의 영광"은 벼슬한 사람의 영광이다. 바다에 나갔다가 무사히 돌아오는 것만 해도 벼슬한 사람의 영광과 같다고 했다.

귤이 금빛 나는 병과 같고	橘子如金瓶
속에는 벽옥주 담겨 있을 듯.	中藏碧玉酒
해마다 공물로 보내면서,	年年登貢包
삼가 성상의 장수를 축원한다.	恭祝聖人壽

• "병귤(瓶橘)"을 노래했다는 설명을 달았다. 병귤을 진상한다는 말이다.

비췻빛 소매 단훈에 비치니	翠袖映檀暈
낙비가 처음 반혼한 듯.	洛妃初返魂
금옥에서 살지 못한 채,	不逢金屋貯
초췌히 울타리 곁에 뿌리 내렸네.	憔悴傍籬根

• "수선화(水仙花)"를 노래했다는 설명을 달았다. "단훈(檀暈)"은 홍조를 띤 얼굴이다. "낙비가 처음 반혼한 듯"은 상고 시대 복희씨(伏羲氏)의 딸인 복비(宓妃)가 낙수(洛水)에서 익사하여 수신(水神)이 되었다는 전설이 있어 낙비라고 한다. 낙비의 혼이 되돌아온 것을 말한다. '금옥(金屋)'은 금빛 집이다. 수선화의 구근을 두고 하는 말이다.

집집마다 많이들 방목을 하여	家家饒放牧
말들이 산림에 가득하구나,	馬畜彌山林
천한 동물이 아니건만	不是賤寒物
몽골 사람 부질없이 애를 썼구나.	蒙人枉費心

• "원(元)나라 세조(世祖)가 제주(濟州) 방성분야(房星分野)가 말을 기르기에 적합하다 하여 관리를 파견해 말을 기르도록 하였다. 지금도 목축이 여전히 왕성하지만 모두 과하마(果下馬) 종류이다"라는 설명을 달았다.

갖옷 입고 바위 언덕에 자며,	皮服宿巖阿
밭에 들불 놓고 콩과 삼씨를 심네.	燎田種菽麻
구름 헤치고 돌밭 갈면서,	披雲耕白石
한 달이 넘도록 집에 가지 못하네.	經月不歸家

• 농사짓는 수고를 말했다.

대나무 갓이며 말총 망건이며	筇笠與鬃巾
모두 한미한 여자 손에서 나왔네.	皆從寒女出
온 나라 사람 절반쯤이	遂令半國人
이 덕분에 머리카락 갈무리하네.	賴此藏頭髮

• 갓과 망건은 대부분 제주 산물이었다.

가련하구나, 전복 따는 여자	可憐採鰒女
숨비소리 내며 깊은 물 헤엄치네.	歌嘯游深淵
흡사 인어처럼 잠수를 하며,	恰似鮫人沒
출렁이는 흰 파도 실로 아득하구나.	雲濤正渺然

• 해녀의 수고를 말했다.

아궁이에 불 피우나 굴뚝은 없고	有竈煙無囪
관솔불 켜 밤에 등잔을 대신하네.	燃松夜代釭
불을 지펴 따스한 기운 생기면	絪縕生暖氣
온 방안에 노우향이네.	滿室老牛香

• "노우향(老牛香)"은 늙은 소의 냄새가 향기처럼 난다는 말이다.

남편은 한가하고 아내만 바빠서,	夫閒婦獨忙
집안 살림 오직 여자에게 달려 있다.	家政在閨壺
한 해 다하도록 거친 묵밭 매건만,	終歲治荒畬
명절에나 쌀밥을 먹는구나.	良辰噉美飯

• "속칭 도미반(稻米飯 쌀밥)을·미반(美飯)이라 한다. 오직 세시(歲時) 영절(令節)에만 그것을 먹을 수 있다"는 설명을 달았다.

패랭이 쓰고 가죽옷 껴입고,	繩冠擁狗裘
스스로 청금자라 일컫네.	自道靑襟子
평생 관아 문을 알지 못한 채	生不識官門
고을 아전에게 시달리니 부끄럽다.	終羞贅府吏

• "향교와 서원에 출입하는 선비를 일컬어 청금(靑襟)이라 하는데, 뭍에서 사대부를 지칭하는 말과 같다"는 설명을 달았다.

산과 계곡에는 흉악한 짐승 없고	山谿無惡獸
들 이랑에는 남은 양곡 있다네.	野畝有餘糧
노래와 춤으로 신령 마음 기쁘게 하면서,	歌舞神情悅
광양당에서 풍년을 빈다.	祈年廣壤堂

• "광양당(廣壤堂)"은 신당이다. 한라산신(漢拏山神)의 아우가 날 때부터 성스러운 덕이 있었고 죽어서는 신이 되었는데, 고려 때에 송나라 호종단이 와서 이 땅을 압양(壓禳)하고 배를 타고 돌아가자, 그 신이 매로 변해 호종단의 배를 쳐부숨으로써 호종단이 끝내 비양도(飛揚島) 바위 사이에서 죽고 말았다고 한다. 그 후 조정에서 그 신의 신령함을 포창하여 식읍(食邑)을 주고 광양왕(廣壤王)을 봉하고 나서 해마다 향(香)과 폐백을 내려 제사를 지냈다.

옛 현인에 불우한 이 많아,	昔賢多不遇
이 땅이 곧 상담이로구나.	此地卽湘潭

남긴 발자취 무성하게 널렸고,	遺躅森羅在
그 풍류가 온 세상에 빛나네.	風流映斗南

• 제주에 귀양 온 명사가 많다는 말이다. "상담(湘潭)"은 중국 초(楚)나라 충신 굴원(屈原)이 귀양 간 곳이다. "두남(斗南)"은 "북두이남(北斗以南)"의 준말이며 온 세상을 뜻한다.

「한라산을 바라보며(望漢挐山)」

오악의 참 모습,	五嶽眞形
낭환의 빼어난 색깔	瑯環秀色
바다에서 하늘로 우뚝 섰구나.	矗入海天
멀리서 보면 아득하고	訝遠看冥杳
가까이서 보면 선명하다.	近看的歷
가로 보면 광대하고,	橫看磅礴
변하는 모습이 천 가지다.	變態殊千

• "한라산에서 제주성까지는 50리다. 어떨 때는 아득히 멀기만 해 마치 수백 리 밖에 있는 듯하고, 어떤 때는 가까이 지척에 있어 초목의 가지와 잎까지 분별할 수 있다. 이곳 사람들은 '이 산은 왔다 갔다 할 수 있다'라고 하는데, 대개 구름과 안개의 변동 때문이리라." 이런 설명을 붙였다. "오악(五嶽)"은 천하 명산 다섯이다. "낭환(瑯環)"은 신선이 사는 곳이다.

옥례천 길게 흐르니	玉醴長流
자줏빛 영지를 캘 수 있고,	紫芝可採
언젠가 흰 사슴이 와서 놀기도 했겠지.	白鹿來遊不記年

• "『십주기(十洲記)』에 '영주(瀛洲)에 옥례천(玉醴泉)이 있다'고 했는데, 세속에선 한라산을 영주(瀛洲)라고 여긴다"고 하는 설명을 붙였다. "산꼭대기엔 백록담이 있으니, 옛날에 선인(仙人)이 백록을 타고 와서 노닌 곳이다"라고 하는 설명을 붙였다.

구름 깊은 곳	雲深處
금당석실 물으니,	問金堂石室
누가 비록을 전해주려나.	秘籙誰傳
문 열고 날마다 보며 유유자적 기뻐하니,	開門日望悠然喜
한 폭 여산 진면목이로다.	一幅廬山面目全
게다가 소나무 사이 밝은 달과	更松間明月
숲 사이 묵은 안개,	林間宿霧
바위 사이 쌓인 눈이	巖間積雪
나란히 눈앞에 보이네.	齊到眼前

• "산 위에는 언제나 눈이 쌓여 있어 바라보면 희끗하다. 한여름에 이르러서야 바야흐로 녹는다"고 하는 설명을 붙였다.

골짜기에 단천수 흐르고	晚壑流丹
갠 하늘엔 푸른 봉우리 솟아 있고	晴空聳翠
자라 등은 푸른 원교 이고 있네	鰲背蒼蒼戴嶠圓

• "한라(漢挐)의 다른 이름이 원교(圓嶠)이다"고 하는 설명을 붙였다. "단천수"는 마시면 장생불사한다는 물이다.

언젠가는 푸른 짚신과 베버선 마련하고	知何日辦靑鞋布襪

길게 휘파람 불며 꼭대기 오르리라.   長嘯登巓

「삼성혈에서 논다(遊三姓穴)」

제목을 다 들면 "삼성혈에서 노닐다가 '내가 솔숲 아래에 와서 돌베개를 높이 베고 잤다'는 구절을 분운하여 시를 짓는데 나는 '침' 자를 얻었다. 21운(遊三姓穴以我來松樹下高枕石頭眠分韻得枕字 二十一韻)"이라고 했다.

맹렬한 더위라 집에서는 심해서,   溽暑騰騰屋裏甚
앉으나 누우나 땀이 흘러 자리 적신다.   坐臥流汗床簟浸
문 나선들 어디서 두꺼운 얼음 밟으랴만,   出門何處踏層氷
남쪽으로 울창한 청송 그늘 바라본다.   南望鬱鬱靑松蔭

• "그 아래에 삼성(三姓) 신령의 고적(古蹟)이 있는데, 품혈(品穴)이 횡하여 움집과 같다"는 설명을 달았다.

하늘이 원기 모아 섬의 시조 낳았으니,   天生島祖元氣鍾
애초에 잉태되어 태어난 것은 아니다.   厥初原不資胎姙

• "다시 신매(神妹) 3인이 부상(扶桑)에서 와서 곤정(壼政 내정(內政))을 나누어 다스리고 바느질을 맡았다"는 설명을 달았다.

사람이 망아지며 송아지 길러 함께 번성하고,   人種駒犢同繁衍
일꾼 없이도 온 산에 말과 소가 자라났네.   蹄角滿山不用賃
어질구나! 귀의할 줄 안 성주여,   賢哉星主識所歸
태사는 어느 날 길흉을 아뢰었던가.   太史何日奏祥祲

세시 따라 후손들이 제사 올리면　　　　　　歲時雲仍獻烝嘗
노을과 무지개 깃발 속에 함께 내려오리라.　　霞旌霓旆翳共臨

• "내가 와보니 우혈(禹穴)의 고비(古碑)를 방불하는데, 이끼가 덮이고 송로 버섯이 파고들어 자라고 있었다"는 설명을 달았다.

지팡이 짚고 잠시 광양당에 서 있다가,　　　拄杖小立廣壤堂
송근에 걸터앉아 옷깃 풀어헤친다.　　　　箕踞松根仍解襟
붉은 언덕 푸른 벼랑 힘써 붙잡고 올라　　　丹厓翠壁勞攀躋
맑은 샘물 마시니 간과 폐에 스며든다.　　掬飮淸泉肝肺沁
일천 가구 굽어보니 땅안개 퍼지고　　　　俯看千家撲地煙
우뚝한 성 한 면은 대해를 베고 있다.　　危城一面大海枕

• 이 다음부터는 귀양살이를 하는 신세타령이어서 생략한다.

「등영구에서 논다(遊登瀛邱)」

한라산 아래 신령한 곳 많지만　　　　　　漢挐山下多靈境
영구만이 유독 신선의 뜰이라네.　　　　　瀛邱獨稱仙人庭
온 지 삼 년 만에 비로소 진경 찾으니,　　我來三年始尋眞
성곽 남쪽 십 리 돌길이 나 있네.　　　　城南十里穿石逕
처음엔 낭풍이 천상에 있겠지 했는데,　　初謂閬風在天上
굽어보니 심곡 위태로운 돌 비탈 걸렸네.　俯看深谷懸危磴
삼신산이 도리어 아래에 있는 줄 알겠고,　始信三山反居下
옥 같은 풀과 꽃이 서로 비추어 준다.　　瑤草琪花相掩映
골짜기에 들어서자 별세계가 밝게 열리고,　入洞晃朗開別界

석문은 깊숙하고 회랑은 깨끗하다.　　　　　　石門窈窕迴廊淨
높고 큰 하늘을 깊이 숨겨둘 만하고,　　　　　廈屋穹隆深可庇
높고 낮은 바위 안석 모두 기댈 만하다.　　　几案高低摠堪憑
맑은 샘물 넓은 바위를 돌아 흐르는데,　　　更有盤陀繞淸泉
이 닦고 발 씻고 세속 마음 깨우친다.　　　箕踞漱濯塵心醒
영산홍 피어서 비단 휘장 두른 듯하고,　　　映山紅發圍錦障
밝게 빛나는 바위 골짜기 온통 울긋불긋.　　照耀巖壑皆明靚
갑자기 동굴에서 음악소리 들려와　　　　　忽聞樂作窟室中
둥둥 댕댕 소리 서로 호응한다.　　　　　　嚌吰鏜鞳聲相應
신선을 만나는 높은 대가 있다 해서,　　　聞道遇仙有高臺
옷 벗고 지팡이 버린 채 손으로 기어오른다.　脫袍棄筇手兼脛
아, 나는 쇠약하고 병들어 허리나 다리 굳고,　嗟我衰病腰脚頑
휘어잡고 오를 힘 없어 도움이 필요하다.　　躋攀無力須人倩
금단은 늦고 세월은 쏜살처럼 재촉해　　　金丹遲暮年矢催
백발로 하늘 끝에서 공연히 비틀거린다.　　白首天涯空蹭蹬
사람 그림자 흩어지자 새 소리 즐겁고,　　人影初散禽聲樂
쓸쓸해 돌아보니 바위 숲 어둡다.　　　　惆悵回首巖樹暝
선녀가 혹시 추한 늙은이라 싫어 안 하면,　仙子倘不嫌老醜
훗날 푸른 갓신 신고 흥을 타 다시 오리라.　靑鞋他日更乘興

• "등영구(登瀛邱)"는 제주시 오라동 한천계곡에 있는 방선문(訪仙門)이
다. 큰 바위가 문처럼 들려 있는 곳이라는 뜻이다. "들엉이", "들렁귀"라고
도 한다. "낭풍(閬風)"은 신선이 산다는 곳이다. "금단(金丹)"은 먹으면 신선
이 되는 선약이다. 금단 얻는 것은 늦어진다고 했다.

제주의 문학

문학사에 오른 최초의 제주 사람, 고조기

　시골 사람이 과거에 급제해서 개경의 귀족이 된 것은 자랑할 만한 성공 사례이다. 전에는 독립국이었던 제주도가 가장 먼 시골이다. 탐라 고씨 고조기(高兆基, ?~1157)가 그런 출세의 주인공이었다. 한문학 작품으로 당대의 평가를 얻고, 문학사에 오르는 최초의 제주도인이 고조기이다. 그 뒤를 잇는 제주도인은 한참 동안 나타나지 않았다.

　탐라 고씨는 탐라국의 왕족이다. 탐라국이 본토의 지배하에 들어가 주권을 상실한 다음에도 토착 지배세력으로 상당한 특권을 누리면서 성주(星主)라는 칭호를 세습했다. 고조기의 아버지 대에 이르러서 처음으로 중앙 정계의 벼슬을 얻고, 고조기는 과거에 정식으로 급제했으며 벼슬이 평장사에 이르렀다. 시를 잘 짓고 특히 오언시에 능하다는 평을 들었다. 「동문선」에 수록된 시가 7수나 된다. 「진도강정(珍島江亭)」이라고 한 것을 들어보자.

　　숲속 길에서 행로가 끝나자,　　　　　　　　　　　　　行盡林中路

때맞추어 포구의 배를 돌리네.	時回浦口船
물은 천 리나 되는 땅을 둘렀고,	水環千里地
산은 하늘 끝을 막아섰네.	山礙一涯天
대낮에 외로운 뗏목 탄 나그네	白日孤槎客
청운에 올라 선계로 향했네.	靑雲上界仙
돌아오는 경치에 느낀 바가 많아,	歸來多感物
취중에 시를 읊어 강 안개에 뿌리네.	醉墨灑江煙

개경에서 제주도로 돌아가는 도중에 진도에서 배를 타면서 지었다. 개경과 제주도라는 양극의 중간 지점에서 두 세계에 함께 속한 자신을 돌아보면서, 개경에서 높은 벼슬을 한 것이 자랑스러워 청운에 올라 선계로 향한다고 했다. 보는 경치마다 득의한 마음을 더욱 흥겹게 해서 술을 마시고 시를 짓는다고 했다. 있을 만한 갈등은 찾기 어렵고 희열만 있다.

• 고조기를 두고 『고려사』 열전에서 처신이 훌륭했다고 하지는 않았다. 이자겸의 잔당을 규탄하다가 좌천된 바도 있으나, 의종 때에는 권신에게 몸을 굽혀 영합하니 당시의 공론에서 나쁘게 여겼다고 했다. 제주도 사람들은 고조기가 만년에 귀향해서 세상을 떠났다고 하는데, 사실 여부는 확실하지 않다. 개경의 후손들은 고려 귀족의 지위를 물려받고 대대로 본토에서 살았다.

제주 역대 기행문

김정(金淨, 1486~1521)은 제주도에서 귀양살이를 하며 「제주풍토록(濟州風土錄)」을 지었다. 제주도는 낯선 고장이고, 자연환경과 생활풍속이 생소해 받은 충격을 자세하게 기록했다. 가옥 구조가 특이하고, 무당이 많으며, 사신(蛇神)을 섬기는 신앙이 성행하고, 방언이 특이하다는 것을 세심하게 살피고, 주민의 생활상과 관원의 횡포에 관심을 가졌다. 거기다 곁들여서 귀양살이의 형편을 말하고 절망을 자아내는 심정을 술회했다. 그러면서도 유학에 의한 교화와는 거리가 먼 풍속을 보고 개탄하기를 잊지 않았다.

이건(李健, 1614~1662)은 「제주풍토기(濟州風土記)」를 지었다. 왕족으로 광해군 복위 모의에 연루되어 15세에 제주도로 귀양 가서 8년 동안 있어 할 말이 많았다. 제주도라는 신기한 고장의 생활과 풍속을 다각도로 소개하는 데 힘썼다. 뱀을 신앙하는 풍속을 나무라려고 하지 않고 있는 그대로 보고하고, 어렵게 사는 주민들의 모습을 동정 어린 눈으로 살폈다. 여인네들이 많은 일을 맡아 물 긷느라 고생이라고 하고, 절구질하고 방아 찧으면서 처량한 노래를 부르는 광경을 인상 깊게 그렸다

제주도에 관한 기록으로는 제주목사로 재직하는 동안 얻은 소상한 자료를 정리한 이형상(李衡祥, 1653~1733)의 「남환박물(南宦博物)」도 있다. 몽매한 풍속을 타파한다면서 신당을 쳐부순 관장이 다방면의 자료를 수집해 제주도의 실상을 알렸다. 그 가운데 언어와 문학에 관한 대목이 흥미롭다. 사투리를 알아듣기 어렵다 하고, 관아에 근무하는 아전들은 서울말 비슷한 것을 할 줄 알아 통역을 담당한다고 했다. 수준이 낮기는 하지만 한문학을 하는 선비들도 있다고 하면서 구체적인 사정을 보고했다.

조정철(趙貞喆, 1751~1831)의 「정헌영해처감록(靜軒瀛海處坎錄)」도 유배기행이라고 할 수 있다. 정조를 시해하려고 했다는 역모에 연루되어 조정철은 33년 귀양살이를 하는 동안 제주도에서 28년이나 머물렀다. 원통한 심정을 술회하는 데 치중하는 시를 지어 시집을 만들면서, 서문이나 발문에 해당하는 산문 기록을 곁들여서 제주도민의 생활에 관한 관찰을 남겼다.

해녀를 노래한 「잠녀가」

신광수(申光洙, 1712~1775)는 제주도 기행시집 「탐라록(耽羅錄)」에서 멀리 가서 겪고 본 신기한 체험을 진지하게 다루었다. 그곳 사람들의 생활에서 무엇이 문제인가 예리하게 관찰한 내용을 특히 주목할 만하다. 해녀를 두고 지은 「잠녀가(潛女歌)」를 들어본다. 잠녀들이 물질을 잘한다고 말로만 들어 믿지 않았다가 제주도에 가서 눈여겨보고서는 이렇게 감탄했다. 감탄이 연민의 정으로 바뀌어 어째서 하필이면 목숨 거는 일을 하고 있는가 하고 안타까워했다. 하루에도 몇 짐씩 서울로 올라가는 전복을 얼마나 힘들여 땄는지 받아먹기만 하는 팔자 좋은 사람들은 알지도 못한다고 탄식했다.

탐라 여인네들 물질을 잘한다.	耽羅女兒能善泅
열 살 때 벌써 앞개울에서 헤엄을 배운다.	十歲已學前溪游
이곳 풍속에 신부감으로는 잠녀가 제일이라,	土俗婚姻重潛女
부모가 옷밥 걱정을 안 한다고 자랑한다.	父母誇無衣食憂
나는 북쪽 사람이라 듣고도 믿지 않다가,	我是北人聞不信
이제 나라 일로 남쪽 바다에 와 보았다.	奉使今來南海遊
성 동쪽 2월에 바람 날 빛 따스할 적에,	城東二月風日暄
집집의 여인네들 물가로 나와	家家兒女出水頭
갈구리 하나, 채롱 하나, 뒤웅박 하나로	一鍬一筜一匏子
발가벗은 몸뚱이엔 조그만 잠방이를 차고,	赤身小袴何曾羞
깊고 푸른 바닷물로 의심 없이 바로 가더니,	直下不疑深靑水
떨어지는 낙엽처럼 공중에서 뛰어 내린다.	紛紛風葉空中投
북쪽 사람들은 놀라고 남쪽 사람들은 웃는다.	北人駭然南人笑
물장구를 치고 장난하며 가로로 물결을 타더니,	擊水相戲橫乘流

1971년의 제주 해녀들(공유마당)

갑자기 물오리 따오기처럼 들어가 보이지 않고	忽學雛沒無處
다만 뒤웅박은 가벼워 물 위에 둥둥 떠 있네.	但見匏子輕輕水上浮
조금 있다 푸른 물결 속에서 솟구쳐 올라와	斯須湧出碧波中
얼른 뒤웅박 끈을 끌어다 배 밑으로 가져오네.	急引匏繩以腹留
일시에 휘파람 길게 불면서 숨을 토해내니	一時長嘯吐氣息
그 소리 슬퍼서 멀리 수궁까지 흔들어놓네.	其聲悲動水宮幽
사람이 살면서 하필 이런 일을 하다니,	人生爲業何須此
이익을 탐내고 죽음을 가볍게 여긴다는 말인가.	爾獨貪利絕輕死
땅에서 농사짓고 누에치고 나물 캘 줄 모르는가.	豈不聞陸可農蠶山可採
세상에 제일 무서운 것 물이 으뜸인데,	世間極險無如水
능숙하면 백 척 가까이 들어간다지.	能者深入近百尺
이따금 굶주린 상어의 밥이 되기도 하겠다.	往往又遭飢蛟食
균역법따라 날마다 관에 바치는 일은 없어져,	自從均役罷日供
관리들도 돈을 주고 산다고 하지만,	官吏雖云與錢覓
팔도에 진봉하고 서울로 올려 보내자면	八道進奉走京師

하루에 몇 짐이나 생전복, 건전복을 내야 한다.	一日幾䭾生乾鰒
금옥은 고관의 부엌이고,	金玉達官庖
기라는 공자의 자리로다.	綺羅公子席
어찌 먹는 것이 이런 신고에서 올 줄 알겠나.	豈知辛苦所從來
가까스로 한 입을 씹어보다 상을 물린다.	纔經一嚼案已推
잠녀, 잠녀여, 너희는 즐겁지만 보기 슬프다.	潛女潛女爾雖樂吾自哀
어이 사람이 사람 목숨을 농락해 구복을 채우나.	奈何戲人性命累吾口腹
아아, 우리 선비는 해주 청어도 못 먹고	嗟吾書生海州靑魚亦難喫
조석 밥상에 나물만 올라도 만족한다.	得朝夕一蔬足

• 제주도 해녀박물관에 이 노래를 적어놓았다. 이런 해녀 노릇이 아직 이어져 유네스코 문화유산으로 등재되었다.

후대의 한문학

제주도 사람이 한문학을 한 내력은 오래된다. 고려 때에 고조기가 처음으로 문과에 급제해 중앙정계로 진출했다. 조선 전기에 이르면 향교에서 한문을 가르치고 배우고, 현지에서 향시를 실시하기까지 했다. 제주향교의 교수 김양필(金良弼)이 지은 「명륜당판상시(明倫堂板上詩)」가 전한다. 1702년(숙종 28)에 제주목사가 되어 간 이형상은 현지 사정을 다각도로 기술한 「남환박물」에서 시부(詩賦)를 하는 유생들이 있어도 수준이 낮아 부끄럽다고 하면서, 그래도 좀 나은 사람 13인의 이름을 들었다. 어느 수준에서든지 작품을 창작했겠지만 남아 있지 않다.

장한철(張漢喆)은 향시에 장원하고 1770년(영조 46) 회시에 응시하러 가다가 풍랑을 만나 표류한 내력을 「표해록(漂海錄)」에다 기술했으나, 시문

집은 알려지지 않았다. 국문문학도 이루어진 증거는 표해한 경험을 국문
가사로 쓴 「표해가(漂海歌)」의 작자를 작품의 서두에서 무과에 급제한 제주
사람 이방익(李邦翼, 1757~?)이라고 한 데서 찾을 수 있다.

　그런데 19세기 말에 이르면 사정이 달라져, 상당한 분량의 시집을 남긴
문인들이 나타났다. 그 선두에 선 김협(金浹, 1829~1894)은 당대에 이주한
사람이지만, 제주도의 한문학을 본궤도에 올리는 구실을 했다. 전라도 나
주에서 태어나 어렵게 지내다가 1876년(고종 13)에 제주도로 이주해 약국
을 열어 생업으로 삼고 향교의 교수 노릇도 하면서 지은 시를 제자들이 모
아 「노귤시집(老橘詩集)」을 마련했다. 거기 수록되어 있는 작품을 한 편 들
어보자.

<table>
<tr><td>골짜기 손님 들판 노인 동서에서 모여들어,</td><td>溪賓野老自西東</td></tr>
<tr><td>물질에 익숙한 저 어부의 솜씨 보고 있네.</td><td>瞻彼漁翁慣水功</td></tr>
<tr><td>이놈 고르면 싱싱한지 별난 점 가려야지.</td><td>擇此生新嘗必異</td></tr>
<tr><td>크고 작은 것 따지면서 값은 어찌 같은고.</td><td>論其大小價何同</td></tr>
<tr><td>꽃 꺾어도 셈하지 못해 나누어놓은 돈 파랗고,</td><td>折花數盡分錢綠</td></tr>
<tr><td>버들에 꿰어 돌아오는 길에 지는 해 붉다.</td><td>穿柳歸來落日紅</td></tr>
<tr><td>해변 저자 사람 드무니 파시가 저물고</td><td>海肆人稀波市暮</td></tr>
<tr><td>집집마다 떠들썩한 소리로 빈 배 채운다.</td><td>家家膾炙足充空</td></tr>
</table>

　제목을 「매어(買魚)」라고 했다. "고기를 판다"는 뜻이다. 잡아온 고기를
매매하는 현장을 시인이 그 속에 들어가 아주 생동하게 그렸다. 고기를 잡
아온 어부의 솜씨도 대단하지만, 싱싱한지 아닌지, 큰지 작은지 가리면서
값을 흥정하는 사람들 또한 세세한 것까지 잘 분별하는 전문적인 식견이
있다. 제철을 맞으면 각처 사람 모여들어 장이 크게 서고, 고기도 많고 돈

도 흔한 것 같아도 살아가기에 넉넉하지 않고, 떠들썩한 소리 활기가 넘쳐 배고픔을 잊는다고 했다. 제주도 시인다운 체험이고 발상이다.

제주도 태생인 신홍석(愼鴻錫, 1850~1920)은 사사로이 서당을 열어 학생들을 가르치며 살았다. 남긴 시를 모아 「화암시집(禾菴詩集)」을 엮는 일을 제자들이 했다. 제주도 속의 여러 풍경과 함께 사람들이 살아가는 모습을 그렸다. 바다에서 풍랑을 만나 표류하다가 살아 돌아온 사람을 위로한다고 한 「위표해인생환(慰漂海人生還)」을 보자.

황룡과 청작이 어선을 지켜주었구나,	黃龍靑雀護漁船
만리 하늘 끝 풍파에도 무사했으니.	無恙風波萬里天
이웃 사람 술 들고 와서 안부를 묻자,	此隣携酒來相問
평지에 오른 배처럼 흔쾌하게 앉아 있다.	平地欣然坐如船

험한 바다에 나가 고기잡이하면서 온갖 시련을 견디어오는 동안 얻은 낙천적인 자세가 잘 나타나 있다. 죽을 고비를 넘기고 가까스로 살아온 사람이 평지에 오른 배처럼 흔쾌하게 앉아 있다고 한 마지막 줄에서는 다른 어디서도 볼 수 없던 광경을 그렸다. 상상으로 꾸며대서는 근처에도 갈 수 없고, 어부와 시인이 하나가 되어야 지을 수 있는 시이다.

신홍석의 시는 거기서 그치지 않고, 망국의 시련을 노래하는 데까지 나아갔다. 바다에서 겪는 시련보다 나라를 잃은 시련은 더 커서 비장한 투지를 갖추어야 했다. 1910년 이후 10년이나 더 살면서 민족의 비운을 통탄하는 시를 겉으로 드러내지는 못하고 이따금 지었다. 「조의사(弔義士)」라고 한 것을 보면, 누군지 밝히지 않은 의로운 투사가 제주도 사람이다. "心懸日月胡天外 身作山河漢塞中(마음은 오랑캐 하늘 밖에 걸어두고, 몸은 한라산에

막혀 산하가 되었다)"고 하는 말로 크나큰 뜻을 지닌 투쟁을 제주도에서 펼친 내력을 암시했다.

시집 말미에 벗과 제자들이 지은 애도시가 20수나 되어 제주도에서도 한문학이 융성하게 되었음을 알려준다. 신홍석이 높은 식견과 뛰어난 글재주를 가졌으면서도 평가받지 못하고 불행하게 살다 간 것을 애통하게 여긴다는 말을 많이 했다. 강원효(康源孝)라는 문하생이 지은 시를 보자.

두 시대의 성쇠를 몸소 겪는 동안   身經兩世盛衰時
닦고 기다리며 어찌 성냄을 몰랐겠나.   修俟何曾慍不知
옛 암자 너머의 산수 구슬프게 바라보며,   悵望古菴山水外
높은 품격을 한 무더기 시에 감추어두었네. 高風藏在一編詩

두 시대는 조선왕조와 일제강점기이다. 학업을 닦고 때를 기다려도 바라는 바가 이루어지지 않고, 두 시대의 성쇠가 모두 실망스럽기만 했다고 했다. 그렇다고 해서 불만을 내놓고 토로한 것은 아니다. 소재를 보면 옛사람에게서 그대로 물려받은 것 같은 한시에다 주어지는 현실을 그대로 받아들이려고 하지 않는 격조 높은 의지를 나타냈다고 했다.

• 제주민의 한문학은 제주가 한문문명 세계에 속하고, 조선왕조의 통치와 글로 연결된 증거이다. 제주민은 한문을 했어도 국문을 사용했는가는 의문이다. 제주민의 국문 작품은 물론 편지 한 장도 없다. 한문은 필수이지만, 국문은 선택이어서 사용하지 않아도 지장이 없었다. 국문 기록문학이 없으나 구비문학은 아주 풍부해 한국문학사를 빛낸다.

고난의 섬 추자도 유배가사

제주도에 소속되어 있는 북쪽의 섬 추자도(楸子島)는 유배된 사람이 많아 유배가사를 남긴 곳이다. 이진유(李眞儒, 1669~1730)는 추자도에서 3년 동안 귀양살이를 하면서 거센 풍랑을 견디면서 겪어야 했던 고난을 실감나게 토로했다.

> 십장형리(十丈荊籬)를 사면에 둘러치고,
> 북편에 구멍을 두어 물길을 겨우 내니,
> 구만리 장천(長天)을 정중(井中)에서 바라보듯,
> 주야에 들리나니 해도(海濤)와 맹풍(猛風)이요,
> 조모(朝暮)에 뒤섞나니 장무(瘴霧)와 만우(蠻雨)로다.

열 길이나 되는 가시 울타리가 사면에 둘러쳐 있고 북편에다 구멍을 뚫어 물 긷는 길을 겨우 내니, 구만 리 장천 먼 하늘을 우물 속에서 바라보는 듯하다고 했다. 주야에 들리는 것은 파도와 바람 소리뿐인 외로운 곳에 홀로 가 있었다. 아침저녁으로 그 고장 특유의 험한 안개와 비가 뒤섞여 돌아 견디기 더욱 힘들다고 했다.

자기가 겪고 있는 형편을 그대로 말했으면서 비유적인 뜻도 있다. 북편은 님이 있는 곳이고, 구만리장천은 님의 사랑이다. 멀리 밀려나 바다의 파도와 사나운 바람에 둘러싸여 고난을 겪어도 임금의 은혜를 잊지 않고 있다는 말을 그렇게 했다.

같은 시기에 대전별감 노릇을 하던 내시 안조환(安肇煥, 일명 안조원, 1765~?)이 추자도에 유배되어 지은 「만언사(萬言詞)」는 고난에 찬 기록을 길게 늘인 장편이고 유배가사의 격식을 더욱 과감하게 넘어섰다. 관념적

추자도

인 언설이 없는 것은 아니고, 이웃 사람이 위로하는 형식으로 된 「만언사답(萬言詞答)」에서는 그런 성향을 한층 뚜렷하게 해서 품위를 지키려고 애썼지만, 귀양살이를 하면서 겪는 모멸을 숨기지 않고 표출했다. 각설이타령 비슷한 말을 하면서 자학과 해학을 섞기도 했다.

> 가난한 집 제쳐내고 넉넉한 집 몇 집인고?
> 사립문을 들자 할까, 마당에를 섰자 하랴.
> 철없는 어린아이 소 같은 젊은 계집
> 손가락질 가르치며 귀향다리 온다 하니…
> 어화 고이하다, 다리 지칭 고이하다.
> 구름다리 징검다리 돌다리 토(土)다리라.
> 아마도 이 다리는 실족하여 병든 다리.
> 두 손길 느려 치면 다리에 가까우니,
> 손과 다리 멀다 한들 그 사이 얼마치리.

한 층을 조금 높여 손이라고나 하여주렴.
부끄럼이 먼저 나니 동냥 말이 나오더냐.

동냥을 나갔다가 아녀자들이 손가락질을 하며 자기를 귀양다리라고 놀려대는 것을 보고 다리타령을 이렇게 늘어놓았다. "다리"라는 말에 여러 가지 뜻이 있는 것을 이용해 능란한 입심을 부렸다. 다리와 손은 멀지 않으니 "손이라고나 하여주렴"이라고 한 말은 손이 손님을 뜻하기도 하는데 착안해 귀양다리를 귀양손님이라고 높여주었으면 좋겠다고 한 것이다. 이 작품은 당대에 서울로 전해져서 궁녀들 사이에서 널리 읽혔다고 하며, 필사본이 여럿 있는 것으로 보아 대단한 평가를 받았음을 알 수 있다. 『청년회심곡(靑年悔心曲)』이라는 소설에 삽입되기도 했다.

• 귀양 간 사람들이 추자도를 배경으로 한 국문 문학작품을 남긴 것은 제주도에서 볼 수 없는 일이다.

현대시가 그리는 제주

백록담   정지용

1

절정에 가까울수록 뻑국채 꽃키가 점점 소모된다. 한마루 오르면 허리가 슬어지고 다시 한마루 우에서 목아지가 없고 나중에는 얼골만 갸옷 내다본다 화문(花紋)처럼 판박힌다. 바람이 차기가 함경도 끝과 맞서는 데서 뻑국채 키는 아조 없어지고도 8월 한철엔 흩어진 성신(星辰)처럼 난만(爛漫)하다. 산 그림자 어둑어둑하면 그러지 않어도 뻑국채 꽃밭에서 별들이 켜든다. 제 자리에서 별이 옮긴다. 나는 여기서 기진했다.

2

암고란(巖古蘭) 환약같이 어여쁜 열매로 목을 축이고 살어 일어섰다

3

백화(白樺) 옆에서 백화가 촉루가 되기까지 산다
내가 죽어 백화처럼 흴것이 숭없지 않다

4

귀신도 쓸쓸하여 살지 않는 한모롱이 도체비꽃이 낮에도 혼자 무서워 파
랗게 질린다

5

바야흐로 해발 육천척 위에서 마소가 사람을 대수롭게 아니 녀기고 산
다. 말이 말끼리 소가 소끼리 망아지가 어미소를 송아지가 어미말을 따르
다가 이내 헤여진다.

6

첫 새끼를 낳노라고 암소가 몹시 혼이 났다. 얼결에 산길 백리를 돌아 서
귀포로 달아났다. 물도 마르기 전에 어미를 여힌 송아지는 움매–움매– 울
었다
말을 보고도 등산객을 보고도 마고 매여달렸다. 우리 새끼들도 모색(毛
色)이 다른 어미한틔 맡길 것을 나는 울었다

7

풍란이 풍기는 향기 괴꼬리 서로 부르는 소리 제주회파람새 회파람부는
소리, 돌에 물이 따로 굴으는 소리 먼 데서 바다가 구길때쇠– 쇠– 솔소리,
물푸레 동백 떡갈나무속에서 나는 길을 잘못 들었다가 다시 측넌츨 기여간
흰돌바기 고부랑길로 나섰다. 문득 마조친 아롱점말이 피하지 않는다.

8

고비 고사리 더덕순 도라지꽃 취 삭갓나물 대풀 석용(石茸) 별과 같은 방울을 달은 고산식물을 색이며 취하며 자며 한다. 백록담 조찰한 물을 그리어 산맥우에서 짓는 행열이 구름보다 장엄하다. 소나기 놋낫 맞으며 무지개에 말리우며 궁둥이에 꽃물 익여 붙인 채로 살이 붓는다.

9

가재도 기지 않는 백록담 푸른 물에 하눌이 돈다. 불구에 가깝도록 고단한 나의 다리를 돌아 소가 갔다. 좇겨온 실구름 일말에도 백록담은 흐리운다. 나의 얼골에 한자잘 포긴 백록담은 쓸쓸하다. 나는 깨다 졸다 기도조차 잊었더니라.

• 감각으로 묘사한 것 이상의 무엇이 있는가?

한라산　　　　　　　　　　　　　　　　　오세영

출가한 납자(衲子)처럼
이 풍진 세상을 등지고 홀로
의연히 순결을 지키는 삶이여.
하늘을 사모하는 마음이
그 누구와 비할 바 없어
몸은 항상 흰 구름을 데불고 있구나.
발은 비록 물에 젖어 있으나
위로 위로 오르려는 염원.
너는 일찍이
번뇌와 욕망의 불덩이들을 스스로 말끔히
밖으로 토해내지 않았던가.
그 텅 빈 마음이 천년을 두고

하루같이 하나하나 쌓아 올린 오름을
일컬어 한라라 하거니
한라는 차라리
성스런 국토를 지키는 남쪽 바다 끝
해수관음탑(海水觀音塔).

• 거룩한 모습이 그리기 벅차다.

한라산

고병용

젖빛 흰구름 모시치마 저고리로
인고의 침묵은
미소로 감추고
빛과 어둠을
함께 하시는 어머니 숨결

누이야
저 들녘을 보아라
유채꽃 노란 물결 나부끼는

구름사이로
메마른 돌밭 고개
세찬 바람으로 할퀴어
붉게 물든 산등성이는
선조들의 피땀어린 싸움터였다

누이야
해는 지는데

삼별초의 말굽소리
차귀도의 숨비소리
옛거울로 들려오는데
흰 사슴 한 마리는 보이지 않는다
누이야

• 수난의 역사를 잊지 않는다.

제주 바다   고성기

제주도 앞바다는
겨울에도 식지 않는다.

활화산 터트리고도
토할 게 아직 남아

퍼렇게
참은 언어들
벌써 움이 트고 있다

• 뜨거운 것이 자라나려고 한다.

제주
보기

세한도부터 탐라순력도까지

서귀포 김정희 유배지

서귀포시 대정읍 안성리 1661-1번지 일대의 대정현성 동문 안에 있다. 원래 김정희(1786~1856)가 살았던 집은 1948년 제주 4·3사건 때 불타 없어졌다. 지금의 집은 제주시가 김정희를 사사했던 강도순 증손의 고증을 받아 1984년에 복원한 것이다. 애초에 제주도기념물로 지정되었으나 역사적·문화적 의미가 큰 유적지로 재평가되어 사적으로 승격되었다. 문화재 지정 명칭은 '추사 적거지'에서 '추사 유배지'로, 다시 '서귀포 김정희 유배지'로 바뀌었다. 김정희가 이곳 대정에서 유배 생활을 시작한 것은 헌종 6년(1840) 10월부터다. 처음에는 송계순 집에서 생활하다가 후에 강도순 집으로 옮겼다. 그 후 9년여의 유배 생활 끝에 1848년에 드디어 제주도를 떠나게 된다.

서예가·금석학자·고증학자·화가로 잘 알려진 김정희는 경주 김씨 김노경과 어머니 기계(杞溪) 유씨 사이에서 맏아들로서 태어났다. 어릴 적부터 글, 붓글씨에서 천재성을 보였던 그는 성장하여 24세에 생원시에 합격하고 34세에 문과 급제 이후 암행어사, 성균관 대사성, 예조참의 등을 거쳐 병조참판에 이르렀다.

별채, 김정희가 머물렀던 곳이다. 사진의 왼쪽이 안채, 오른쪽이 바깥채이다.

　순조 사후 헌종이 즉위하여 순원왕후가 수렴청정하는 틈을 타 권력을 장악한 안동 김씨 일파는 정적 김정희를 제거하려고 했다. 10년 전에 윤상도 부자가 호조판서 박종훈과 유수(留守, 정2품 외관직)를 지낸 신위, 어영대장 유상량 등을 탐관오리로 탄핵했다가 군신 사이를 이간시킨다는 이유로 왕의 노여움을 사 추자도에 유배된 사건이 있었다. 안동 김씨 일파는 그 일을 다시 들추어내어 그때 상소문을 쓴 사람이 김정희라고 우겨 윤상도 부자와 함께 처형하려 했다. 김정희는 무고(誣告)라고 적극 해명했으나 결국 헌종 6년(1840) 8월 20일 야밤에 붙잡혀 혹독한 고문을 당한다. 그 일을 겪은 지 40여 일 만에 제주도로 유배의 길을 떠나게 된다.

　우여곡절 끝에 육지와 풍토가 다른 제주 대정마을에 도착한 김정희는 위리안치되어 고통스럽고 외로운 나날을 보내게 된다. 그의 친구 권돈인(1783~1859)에게 보낸 다음과 같은 편지를 보면 당시 상황과 생활이 얼마나 힘들고 열악했는지 짐작할 수 있다.

도배도 하지 않은 방에 북쪽 창을 향해 꿇어앉아 丁자 모양으로 좌장(坐杖)에 몸을 의지하고 있습니다. 밤낮으로 마음 놓고 편히 자지도 못해 밤에는 늘 등잔불을 끄지 않았습니다. 먹는 것을 말하자면, 생선 등속이 없지는 않으나 비린내가 위를 상하게 하여 싫어합니다. 혹 멀리 본가에서 반찬을 보내주기도 합니다만 모두 너무 짜서 오래 두고 비위를 맞출 수가 없습니다. 마을 아이들이 서넛 와서 배우려 하므로 글씨를 가르쳐주면서 소일합니다. 만일 이런 일도 없다면 너무 적막하여 견디지 못할 것입니다. 기력이 점차 쇠잔하고 살이 빠져 이제는 능히 앉아 있을 수조차 없습니다.

당시 제주도민들은 출륙(出陸) 금지령 때문에 교육은 물론 경제적·문화적 혜택을 받지 못하고 살았다. 이런 열악한 환경 속에서 김정희와 같은 학식이 깊고 정치적 영향력이 큰 인물이 섬에 온 것은 주민들 처지에서는 육지 문물을 접하면서 교육을 받을 좋은 기회가 아닐 수 없었다. 실제로 주민들이 배움을 청해왔고, 김정희는 기꺼이 이들을 위해 글과 서예를 가르쳤다. 때로 대정향교에 나가 유생들을 교육하기도 하고, 교훈 될 만한 뜻이 담긴 편액 글씨를 써주기도 했다.

그는 유배 생활 중에 여가를 활용하여 '추사체'를 창안했고 괄목할 만한 서예 작품과 그림을 남겼다. 그 가운데 일반인들에게 널리 알려진 것이 〈세한도〉이다. 외로움과 한탄 속에서 유배 생활을 계속하고 있던 김정희에게 어느 날 인편으로 몇 권의 귀한 책이 배달된다. 그의 제자이자 역관 이상적(1804~1865)이 보낸 것이었다. 십여 차례나 북경을 드나들면서 항상 김정희의 처지를 가슴 아파했던 이상적은 기회만 있으면 북경에서 구한 서책과 물건을 보내 스승을 위로했다. 변치 않는 그의 정성과 지조에 감동한 김정희는 소나무와 잣나무를 그린 〈세한도〉에 장문의 발문을 붙여 답례로 보낸다. 권세와 잇속을 추종하는 바깥세상을 보는 그의 심경이 발문

김정희가 유배지에서 그린 〈세한도〉 1844년 작. 국보. 국립중앙박물관 소장.

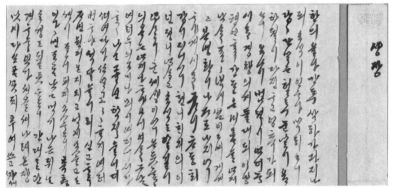

김정희가 제주에서 아내에게 보낸 편지와 봉투. 1841년 6월 22일. 국립중앙박물관 소장.

에 잘 나타나 있다.

> …세상의 권력가에게 자주 찾아가 부탁하는 무리에 대해 태사공은, '권세와 이익을 가지고 어울리는 사람은 그것이 다 하면 전혀 다른 타인이 된다'라고 했다. 그런데 군도 역시 그런 세간 가운데 한 사람이면서 권세와 이익으로부터 스스로 초연하여 나를 권세 이익의 사람으로 대하지 않고 이 귀한 책을 보내주었단 말인가. 과연 그렇다면 태사공의 말은 군에게는 맞

신화의 섬 제주문화 찾아가기

지 않는다는 말인가. 공자는, '차가운 겨울을 당한 후에야 소나무와 잣나무가 늦게 시드는 것을 비로소 알게 된다'라고 했다. 사실 소나무와 잣나무는 사철을 통해 한결같이 잎이 지지 않는 것이어서 차가운 겨울 이전에도 소나무와 잣나무요 이후에도 같은 소나무요 잣나무이다. 그런데 공자는 특히 겨울의 소나무와 잣나무를 칭찬했다. 지금 군과 나와의 관계는 전이라고 더한 것도 없고 후라고 줄어든 것도 아닌 시종 변한 것이 없다. 그런데 이전의 군에게는 칭찬할 점이 없지만, 이후의 군은 역시 성인으로 칭찬해야 할 것이 아니겠는가….

제주는 한양에서 가장 먼 곳일뿐더러 뱃길이 험악하여 육지와의 왕래가 쉽지 않았기 때문에 조선시대에 유배의 최적지로 꼽혔다. 인조반정으로 쫓겨난 광해군, 유학자 송시열, 승려 보우, 구한말의 최익현, 박영효 등 200명이 넘는 인사들이 제주에서 유배 생활을 했다. 이들 중에는 본토로 돌아갔든지 제주에서 생을 마감했든지 적소일기(謫所日記) 등 유배 생활과 관련된 글과 시를 남긴 사람들이 적지 않다. 하지만 일반인들은 그들의 제주 유배 생활에 대해서 기억하거나 아는 바가 거의 없다. 이와 달리 오늘날 많은 사람이 김정희의 외롭고 괴로웠던 제주의 유배 생활을 떠올리고 공감을 표하게 된 것은, 비록 복원된 것이지만 이 유적지가 있기 때문일 것이다.

인간의 숨결이 담긴 신의 그림, 〈내왓당 무신도〉

내왓당은 제주시 용담2동 한천 냇가에 있었던 조선시대 신당으로, 당시에는 천외사(川外祠), 또는 천외당(川外堂)으로 불렸다. 이곳에 봉안되었던 것으로 알려진 〈내왓당 무신도〉(국가 중요민속문화재)는 현재 제주대학교 박

제주 내왓당(국립민속박물관 민속아카이브)

물관에 소장되어 있다. 모두 10폭인데 그중 6폭은 남신상, 4폭은 여신상이다.

　제주에는 섬이라는 열악한 지역적 특성 탓에 재앙을 막기 위한 무속과 음사(淫祀)가 성행했다. 관(官)의 명령을 무시할 정도로 무당의 위세가 커지자 1702년 제주목사로 부임한 이형상(1653~1733)은 유교적으로 풍속을 교화한다는 명분 아래 신당과 사찰들을 불태우고 무당들을 귀농시켰다. 그 후에도 이형상으로부터 정치·경제적 혜택을 입은 토착 관리들에 의한 음사타파운동이 지속되었다. 엎친 데 덮친 격으로 고종 19년(1882)에 조정으로부터 음사철폐령이 내려져 제주의 신당은 소멸의 위기에 처했다. 이런 참화 속에서 〈내왓당 무신도〉는 어떻게 살아남았을까? 천외당 철거 당

　　신화의 섬 제주문화 찾아가기

시 훼손을 걱정한 큰무당 고임생이 무신도 10폭을 삼도동 자택에 가져다 모셨다고 한다. 그가 죽은 후에 부인이 산지천 부근 남수각 근처의 굴로 이사하면서 무구와 함께 무신도를 옮겨놓아 화를 면했다고 한다.

〈내왓당 무신도〉와 관련된 비교적 이른 기록이 『조선왕조실록』에 보인다. 세조 12년(1466) 7월 27일, 왕의 교시를 받은 승정원에서 제주목사 이유의에게 급히 서신을 보낸다. 전날 강우문이란 자가 천외당 신의 화상이 이미 불타버렸다고 보고했는데, 그가 말을 지어낸 것이 밝혀져 그 죄를 이미 물었으니, 신당의 신은 옛날과 다름없이 제사 지내도록 하라는 내용이다. 그렇다면 1466년 당시에 무신도가 천외당, 즉 내왓당에 걸려 있었다는 얘기가 된다. 그런데 제주목사 이형상의 『남환박물』의 1702년도 기록에, "광양당 · 차귀사 · 천외사 등 음사 129처를 불태워버려 지금은 남은 것이 없다"라고 되어 있는 것을 보면 지금의 〈내왓당 무신도〉는 일단 1702년 이전에 제작된 것은 아니라는 결론이 나온다. 더구나 무신도는 무당의 종교 체험에 의해 발현된 것이기 때문에 큰무당 당대에 활용하고 소각하는 것이 보통이므로 당시의 그림이 지금까지 남아 있을 가능성은 거의 없다고 봐야 한다. 그런데 국가유산청 자료에는 제작 시기가 조선시대 초 · 중기로 돼 있다. 제작 시기에 대해 보다 철저한 연구가 필요한 시점이다.

무신도 살펴보기

〈내왓당 무신도〉 10폭 중 6폭은 남신상, 4폭은 여신상이다. 좌안팔분면(左顔八分面)인 수령위를 제외한 나머지 신상들은 모두 좌상에 정면관을 취한 모습이다. 채색은 화려한 진채를 사용했고 부분적으로 금박을 입혔다. 제석위와 천자위를 제외한 나머지 신들은 모두 부채를 들고 있으며, 복색은 녹색과 홍색이 대세를 이룬다. 고대 사회에서 부채는 높은 문화적

내왓당 무신도 중 남신.
윗단 왼쪽에서부터
제석위 원망위 수령위,
아랫단 왼쪽에서부터
천자위 감찰위 상사위

내왓당 무신도 중 여신.
윗단 왼쪽에서부터 본궁, 중전, 상군, 홍아.
제주대학교 박물관 소장.

신화의 섬 제주문화 찾아가기

소양과 고귀한 신분, 존귀함과 길상 축복의 상징이었다. 이 부채와 복식에 시문된 화려한 무늬, 머리에 쓴 관모는 내왓당 무신의 위엄과 품위를 높여 주는 요소가 되고 있다.

각 신의 이름을 신상의 왼쪽, 혹은 오른쪽 어깨 위에 붉은 글씨로 적어 놓았는데, 남신 이름은 각각 제석위(帝釋位)·원망위(寃望位)·수령위(水靈位)·천자위(天子位)·감찰위(監察位)·상사위(相思位)이고, 여신 이름은 각각 본궁위(本宮位)·중전위(中殿位)·상군위(相軍位)·홍아위(紅兒位)이다. 이들 각 신들의 우리말 이름은 제석천왕마노라·어모라원망님·수랑상태자마노라(바다신)·천자도마노라·감찰지방관마노라·상사대왕·본궁전·중전대부인·정절상군농·자지홍이아기씨 등이다. 본풀이에 등장하는 12신 중에 내·외불도마누라가 보이지 않는 것은 앞서 말한 대로 불에 탄 후 복원 과정에서 제외되었거나, 알 수 없는 이유로 일실된 때문일 가능성이 높다.

12신 중에서 현재 본풀이를 통해 전승되고 있어 그 내력을 알 수 있는 신은 천자도마노라와 상사대왕, 중전대부인, 정절상군농뿐이다. 본풀이는 굿거리 차례에서 무당이 맨 처음 신을 불러 모시는 대목에서 푸는 사설이다. 불러 모시려는 신의 이름과 어떤 연유로 서낭님 몫을 하느님에게서 받았는지 그 자초지종을 알려주는 내용인데, 서낭님 몫을 받기까지 사람으로 태어나 살면서 겪어야 했던 온갖 서러움과 어려움을 빼어난 슬기와 놀라운 힘으로 극복해낸 이야기가 기본 줄거리를 이룬다. 그런데 말로만 하는 사설은 신의 온전한 모습을 드러내는 데 부족함이 있다. 이 한계를 극복할 수 있는 것은 오직 그림, 곧 신의 화상뿐이다.

〈내왓당 무신도〉는 그림 잘 그리는 직업 화공 아니면 원본을 잘 베끼는 재주를 가진 사람이 그렸을 것이다. 화공이 그렸다고는 하지만 각 신의 형상은 그들이 창작해낸 것이 아니라 가깝게는 무당, 멀게는 제주민들의 관념 속에 자리 잡고 있었던 신들의 모습을 형상화한 것이라 할 수 있다. 제주민들은 신당에 걸린 신상을 눈앞에 대하면서 자신들의 요구를 들어줄 신들의 모습을 실감하면서 정성을 다했을 것이다. 〈내왓당 무신도〉에는 차갑고 경직된 엄숙함보다 따뜻하고 부드러운 인간미가 배어 있다. 무신들이 아무리 종교적 권위와 신성(神性)을 가진 존재라 해도 한국인의 손, 특히 제주민들의 손을 거치면 이처럼 인간의 숨결을 느낄 수 있는 신인동체(神人同體) 모습으로 탈바꿈하게 된다.

제주 유학을 대표하는 대정향교

대정향교는 서귀포시 안덕면 사계리 3126번지에 있다. 제주특별자치도 유형문화재이다. 태종 16년(1416)에 창건된 이후 터가 좋지 않다는 이유로 여러 차례 옮겨 다니다가 효종 4년(1653)에 지금의 자리에 정착했다. 영조 48년(1772)에는 명륜당을, 헌종 원년(1834)에는 대성전을 다시 지었다. 대정향교는 추사 김정희가 유배 생활을 하는 중에 학생들을 잠시 가르친 곳이기도 하다. 대정향교는 중앙 조직에 의한 관학이지만 강학의 장으로서뿐만이 아니라 지방민의 교화 사업에서도 큰 몫을 담당했다. 오랜 세월 동안 공자를 비롯한 여러 성현께 제사 지내면서 이 지방 백성들의 교화를 위해 힘써왔으나 지금은 교육 사업은 하지 않고 제사 기능만 유지하고 있다.

대정향교는 뒤쪽 높은 대지 위에 제향 공간인 대성전을 두고, 그 앞쪽 약간 낮은 곳에 강학 공간인 명륜당을 둔 전학후묘(前學後廟) 형식을 취했다. 지금 남아 있는 건물은 대성전과 명륜당 외에 동재·서재, 그리고 내삼문 등이다. 대성전에는 공자·안자·증자·자사·맹자 등 오성(五聖)을

대정향교 대성전

대정향교 내삼문

대정향교 동재 김정희 필 편액,
추사관 소장

동재 편액(복제본)

중심으로 좌우에 송조사현(宋朝四賢)과 해동십팔현(海東十八賢)의 위패가
봉안돼 있다. 설위 규모로는 소설위(小設位)에 속한다. 봄가을로 거행되는
석전제는 지금도 계속되고 있다. 유교 사상을 굳건히 지키기 위한 교육보
다 제사를 중시하는 경향을 보이고 있다.

동재와 서재는 학생들이 기거하면서 공부하던 곳이다. 그런데 다른 향
교에서는 보기 어려운 편액 하나가 동재 출입문 위에 걸린 것을 볼 수 있
다. '의문을 품고 배움을 게을리하지 말라'는 뜻으로 해석되는 '疑問堂(의
문당)'이라고 쓴 편액인데, 김정희의 필적이다. 이것은 복제본이고 원본은
제주 추사관에 보관돼 있다. 편액 뒷면에 이 편액을 쓰게 된 내력이 묵서
로 기록돼 있는데, 헌종 12년(1846) 11월, 진주 강씨 강사공(대정향교 훈장)
이 유배 중인 전 참판 김정희에게 삼가 글씨를 청해 편액을 걸었다는 내용
이다.

신화의 섬 제주문화 찾아가기

돌하르방

돌하르방은 제주 특유의 역사 · 지리적 환경과 제주 기층문화가 만들어 낸 조형물이다. 현재 남아 있는 47기가 제주특별자치도 민속문화재로 일괄 지정돼 법적 보호를 받고 있다. 돌하르방은 원래 제주읍성, 정의현성, 대정현성 등 주로 읍성의 내성과 외성 입구에 세워져 있었으나, 일제강점기를 거치면서 대부분 제자리를 떠나 뿔뿔이 흩어졌다. 정의현성 돌하르방은 근래에 추진된 복원정비사업으로 제자리를 찾았지만 아직도 많은 돌하르방이 제주도 민속자연사박물관 · 제주대학 · 제주시청 · 제주국제공항 · 삼성혈 · 관덕정 · KBS제주방송국 · 국립민속박물관 등지에서 객지 생활을 하고 있다.

벙거지 모양의 모자, 왕방울 눈, 뭉툭한 코, 꾹 다문 입, 자기 몸을 더듬듯 배에 올려놓은 두툼한 손이 특징인 돌하르방은 벅수머리 · 우성목 · 무성목 · 돌영감 등 다양한 별칭을 가지고 있다. '옹중석(翁仲石)'으로도 불렸던 사실이 옛 문헌에서 확인된다. 1971년 문화재로 지정할 당시에 문화재 지정 명칭을 어린이나 일반인들에게 익숙한 '돌하르방'으로 통일하기로 결정한 바 있다. 제주민들이 그 모양을 보고 무심코 불렀던 이름이 역사적 고유명사가 된 것이다.

영조 30년(1754)에 제주목사 김몽규가 옹중석을 성문 밖에 설치했다는 『탐라기년』(김석익)의 기록을 보면 돌하르방이 당시에 옹중석으로 불린 사실과 성문 지킴이 역할을 했음을 확인할 수가 있다. 이 시기보다 앞선 태조 16년(1416)에 제주를 3읍으로 나누고 각 지역에 읍성을 축조한 사실이 있는데, 그때 이미 성문 밖에 성문 지킴이로 옹중석을 세웠을 가능성이 크다. 옹중석이라는 이름이 일반인들에게 생소한 이유는 이 명칭이 한문을

추사관 돌하르방

KBS제주 돌하르방

제주시청 돌하르방

관덕정 돌하르방

삼성혈 돌하르방

제주대학교 돌하르방

신화의 섬 제주문화 찾아가기

대정현성 돌하르방

정의현성 동문 오른쪽 돌하르방

정의현성 동문 왼쪽 돌하르방

즐겨 썼던 상류층이나 유학자들 사이에서만 사용되었기 때문일 것이다.

『승정원일기』 고종 2년(1865) 11월 10일자 기사를 보면, 옹중석을 만들어 세운 목적이 상대에게 두려움을 주어 접근을 막으려는 데에 있었음을 알 수 있는데, 기사 내용은 이러하다.

> 상(고종)이 이르기를, '쇠로 만든 사람[金人]을 어찌 옹중이라고 부르는가?' 하니, 김세균이 아뢰기를, "진시황 때에 완옹중이라는 자가 있었습니다. 키가 1장 3척이고 지혜와 용기가 범상치 않아 그에게 군사를 거느리고 임조(臨洮, 감숙성의 현)를 지키게 했는데, 명성이 흉노에까지 떨쳤습니다. 쇠로 만든 사람을 옹중이라고 부르는 것은 흉노에게 두려움을 주려는 의도이고, 그 수를 12개로 한 것은 당시에 대인(大人) 12명이 임조에 나타났으므로 그 숫자에 따라 상을 만들었기 때문입니다."

옹중석(또는 석옹중)은 애초에 수호와 방어를 목적으로 만든 것으로 보이지만, 민속학자들은 돌하르방의 성격과 기능을 크게 세 가지로 보고 있다. 첫째는 수호 기능으로, 침입자 · 적 · 사기(邪氣) 등 나쁜 것으로부터 읍성 주민들을 보호하는 기능이다. 둘째, 금표(禁標), 경계 표지(標識) 기능이다. 내외의 경계를 분명히 하여 내부 안전을 도모하고 확보하기 위한 것이다. 이점은 육지 마을 어귀의 장승 기능과 비슷하다. 셋째, 주술 · 종교적 기능이다. 전염병을 막아준다는 믿음이나, 돌하르방의 코를 빻아 먹으면 아들을 낳는다는 등의 속신은 돌하르방의 종교적 일면을 드러낸 부분이다. 이밖에 풍수적인 의미도 있다고 보고 있는데, 이것은 "수구(水口)를 만들고 석옹중 2기를 마주 세워 그 기를 진압했다"라는 『광주읍지』(1899) 기사에 근거한 해석이다. 한편, 제주도 돌하르방의 기원에 대해서는 몇 가지 설이 있다. 예컨대 13~14세기에 동몽골 초원 지역에 조성된 석인상의 영향을 받았다는 '북방설', 동남아 일대에서 유사한 석인상들이 발견된다는 점에 착안한 '남방설', 조선시대 때 자체적으로 세웠다는 '자생설' 등이 대표적이다.

돌하르방을 성문 앞에 세운 가장 큰 목적은 성에 접근하는 상대에게 두려움을 주어 마을을 안전하게 지키려는 데 있었다. 그럼에도 침입자가 놀라 달아날 만큼의 험악한 표정이나 위협적인 자세는 아예 찾아볼 수가 없고, 오히려 동네 할아버지처럼 무던하고 너그러운 표정이 보는 이의 원본 심성을 자극할 뿐이다. 제주의 돌하르방은 가식적 권위와 위엄의 산물인 중국의 옹중석과는 차원이 다른 제주민의 해학 정신이 투영된 정겨운 민속 유산이다.

동자복과 서자복 또는 복신미륵

한라산에서 발원하여 섬 북쪽 바다로 흘러드는 산지천의 동쪽 지역, 즉 건입동에 있는 미륵상과 서쪽 지역, 즉 용담동에 있는 미륵상을 제주민들은 동자복, 서자복, 또는 통칭하여 복신미륵이라 부른다. 『신증동국여지승람』「제주목」불우(佛宇)조에 이런 내용의 기사가 보인다. "해륜사(海輪寺), 일명 서자복(西資福)이다. 주 서쪽 독포(獨浦) 어귀에 있다. 만수사(萬壽寺), 일명 동자복(東資福)이다. 건입포(巾入浦) 동쪽 언덕에 있다." 이 기사를 통해 확인할 수 있는 것은 자복은 국가의 복을 축원하는 절을 지칭하는 말이라는 것이다. 다시 말해 동자복이란 건입동 미륵상을 봉안하고 있었던 만수사의 이칭이고, 서자복은 용담동 미륵상을 봉안하고 있었던 해륜사의 이칭인 것이다. 그러므로 엄밀히 말하면 이 두 미륵상을 두고 '동자복', '서자복'으로 부르는 것은 이치에 닿지 않는 것이다. 하지만 제주민들에게 이

만수사 복신미륵(동자복)
제주특별자치도 민속문화재.

해륜사 복신미륵(서자복).
제주특별자치도 민속문화재.

미 익숙해진 이름이기 때문에 명칭 자체를 두고 왈가왈부하는 것은 쓸데없는 짓이다.

건입동(만덕로 13-1) 복신미륵은 지금 넓은 차도와 가까운 민가 옆 공터에 홀로 서 있다. 그리고 용담동(동한두기길 7-6) 복신미륵은 해륜사지에 들어선 용화사의 미륵불이 되어 참배객을 맞고 있다. 현재의 이런 상황만 두고 보면 두 미륵상이 전혀 별개의 상인 것처럼 보이지만 '동자복', '서자복'이라는 이름이 말해주듯이 이 두 미륵은 제주성을 동·서에서 지키는 수호 사찰의 미륵불인 것이다. 이런 점에서 동자복과 서자복은 대정현성이나 정의현성의 성문 앞 돌하르방과 일정 부분 같은 기능과 성격을 가지고 있다고 볼 수 있다.

건입동 복신미륵은 자복신(資福神)으로도 불린다. 현무암 석재로 조성되었고 높이는 약 3미터다. 제작 연대는 확실치 않으나 고려시대로 추정하고 있다. 달걀형 머리에 패랭이형 모자를 썼는데, 코가 큰 것이 특이하다. 석상 오른쪽에 1953년(단기 4286)에 세운 석비가 하나 있는데, 복신미륵의 위신력을 세상에 널리 알리려 한다는 내용의 글이 음각되어 있다. 이 미륵은 지금 제주민에게 만복의 자원체(資源體)로서 꿈과 희망과 안도감을 주고, 정성껏 기

도하면 모든 소원을 들어주는 신적인 존재로 추앙받고 있다,

용담동 복신미륵의 석재 역시 현무암이다. 고려시대에 제작된 것으로 추정되며, 자복·자복신·미륵불·서미륵·큰어른 등으로 불리고 있다. 벙거지형 모자를 쓴 달걀형의 온화한 얼굴에 코가 큰 것이 흥미롭다. 용담동 복신미륵이 서 있는 이 자리는 앞서 말한 대로 해륜사 터인데, 절은 1694년(숙종 20)에 이미 불에 타 없어졌다. 민간에서는 이 미륵을 명복신(命福神)으로 숭배하고 있으며, 용왕신앙과도 복합되어 해상어업의 안전과 풍어, 출타 가족의 행운을 지켜준다고 사람들은 믿고 있다. 바로 옆에 있는 것은 남근석인데, 여기에 걸터앉아 치성을 드리면 아들을 얻는다는 속신이 전해온다.

'미륵(彌勒)'은 범어 '마이트레야(Maitreya)'를 음역한 말이다. 불교에 뿌리를 둔 존상으로 미래에 도솔천에서 사바세계로 하강하여 중생들을 제도한다는 메시아적 존재다. 산지천의 동과 서에 자리를 잡고 제주성을 지켰던 수호 사찰의 미륵이 언제부터인가 제주민 사이에서는 치성을 드리면 아들을 낳게 해주고, 가정의 행복과 뱃길의 안전과 풍어를 약속해주는 무속신과의 구별이 모호한 신으로 믿어져왔다. 이들 미륵상이 보여주는 온화하고 투박한 모습은 돌하르방과 강한 친연성을 느끼게 해준다.

방사탑

방사탑은 제주민들이 벽사초복을 목적으로 마을 주변에 쌓은 돌탑이다. 탑이라고 하지만 사실은 돌무더기다. 마을 사람들은 마을 어느 한 방향에 액(厄)이 들어올 징조가 보이거나 어느 한 곳이 허(虛)하거나 기가 세다고 여겨질 때 그곳에 방사탑을 쌓았다. 주민들은 이 돌탑을 답·답단

이·답다니·답·답데·거욱·거왁·거욱대 등으로 불렀는데, 대개 그 형상과 관련이 있다. '방사탑'이라는 말은 근래에 만들어진 것으로, 모양보다 돌탑의 기능과 역할에 초점을 맞춘 학술 용어로 문화재 지정 명칭이기도 하다. 하지만 제주민들에게는 이 명칭이 쓰기 어색한 용어일지도 모른다. 현재까지 70기 정도가 확인되고 있으며, 제주시 도두2동 몰래물마을·이호2동 골왓마을·한경면 용수마을·조천읍 신흥리·서귀포시 대정읍 무릉1리·인성리 등에 있는 총 17기의 방사탑은 제주특별자치주 민속문화재로 지정돼 법의 보호를 받고 있다.

인간의 삶의 터전인 땅의 특성과 성격을 파악해 살기 좋은 곳을 선택, 확보하려는 사상이 풍수지리 사상이다. 이 설에 따르면 넓고 밝고 평탄하고 원만하여 사람이 살기 좋은 땅이 명당이고, 좁고 거칠고 경사지거나 비뚤어진 땅은 흉지로 친다. 하지만 대부분의 지형이 험하고 척박한 화산섬 제주에서 명당 조건에 맞는 땅을 찾기란 그리 쉬운 일이 아니다. 그래서 제주민들은 명당을 찾으려 하기보다는 이미 정착한 마을을 평안하고 무탈한 삶터로 조성하는 데에 눈을 돌렸다. 그런 의지와 노력의 결과가 바로 방사탑이다. 방사탑은 한마디로 불만족스러운 지리적 조건을 보완하여 조화롭고 평온한 삶의 터전을 조성하기 위한 장치라 할 수 있다.

방사탑은 바닷가나 그 안쪽, 중산간 또는 길가에 주로 세워진다. 1기만 있는 경우가 많고 5기를 한 영역에 세워놓은 곳도 있다. 방사탑 건립에 있어서 무엇보다 중요한 것이 탑의 위치 선정이다. 마을에서 볼 때 어느 쪽이 허한지, 어느 쪽이 액이 들어오는 방향인지. 또 지세가 강하거나 좋지 못한 곳이 어디인지를 정확히 짚어내어 바로 그 자리에 돌탑을 쌓아야 하기 때문이다. 방사탑이 세워진 위치는 마을의 원로나 풍수에 밝은 사람의 해석을 거쳐 결정된 곳이라는 점, 그리고 마을의 모든 사람이 승인한 장소라는 점에서 중요한 민속적 의미가 있다. 마을 공동체의 소망이 이곳에 집중되어 있기 때문에 방사탑이 허물어지거나 벽사 장치가 훼손되었을 때 마을 사람들이 협력하여 복원 작업에 나서는 것은 지극히 당연한 일이다.

때로 방사탑을 쌓을 때 그 속에 특정 물건을 넣기도 하는데, 소망하는 바에 따라 그 종류가 달라진다. 우금(밥주걱) 또는 무쇠솥을 넣는 경우가 있다. 우금을 넣는 것은 밥주걱으로 솥의 밥을 긁어모으듯이 재물을 마을로 끌어들인다는 의미가 있고, 무쇠솥은 뜨거운 불에도 견디는 솥처럼 마을의 화재나 액을 막는다는 의미가 있다. 탑 밑에 물길을 조성해놓거나 물동이를 탑 속에 넣어두는 것은 화재 예방을 위한 장치이다. 그런가 하면 때로 쇠로 만든 무기류나 해녀들이 쓰는 어로 용구 또는 '어재기'라 불리는 어부들이 쓰는 작살 같은 것을 넣어두기도 하는데, 이것은 도둑이 위협을 느껴 달아나게 하거나 액을 막기 위함이다. 돌탑 위에 '매조자귀' 혹은 '매주제기'로 불리는 까마귀나 맹금류 형상의 자연석이나 돌하르방, 또는 인면 석상을 얹어놓거나 솟대 나무를 꽂아둔 것을 볼 수 있는데, 이것은 방사탑이 가진 벽사의 효과를 더욱 강화하는 묘책이다.

제주도 서쪽 용수마을 해안가 방사탑에는 북쪽을 바라보는 새 부리 모양의 돌이 꼭대기에 얹혀 있는데, 이에는 특별히 호종단 설화가 얽혀 있다. 호종단은 송나라 사람으로 고려로 건너와서 예종과 인종을 섬긴 인물로 도교의 압승술(壓勝術) 같은 잡다한 기예에 능통했다고 한다. 조선 유학자들에게는 도술로 예종을 현혹했다는 이유로, 제주민들에게는 탐라의 혈맥을 끊고 다닌다는 이유로 부정적으로 인식된 인물이다. 그가 제주의 여러 마을을 돌아다니면서 혈맥을 끊고 귀환하려 할 때 분노한 한라산 산신령이 매로 변해 그의 배를 침몰시켰다고 한다. 용수리 포구 바로 앞에 섬이 있는데 이름이 차귀도(遮歸島)다. 산신령이 호종단이 돌아가는 것(歸)을

용수리 방사탑 제1호. 전경

용수리 방사탑 제1호 정상의 새 부리 모양의 돌

용수리 방사탑 제2호. 전경

몰래물마을 방사탑

골왓마을 방사탑 제3호

인성리 방사탑. 들녘에 세운 방사탑

신흥리 방사탑. 바다 안에 세운 방사탑

무릉리 방사탑 제4호. 길가에 세운 방사탑

막았다(遮)는 데서 유래한 이름이라 한다.

주술은 사람의 힘으로는 해결하기 어려운 삶의 난제들을 초월적 힘을 빌려 해결하려는 묘책이다. 돌탑 위에 동물이나 새, 또는 돌하르방을 얹어 놓은 것은 이들이 가진 영험한 힘을 빌려 잡귀와 재액, 역병을 물리치려는 술책이다. 이런 점에서 돌탑 위에 올려져 있는 것은 주술 도구와 같은 성격을 가진다고 볼 수 있다. 제주민들은 마을 주변 일정한 곳에 방사탑을 세워놓은 것만으로도 위안을 얻었을 것이다. 방사탑과 주술 도구들이 주술력으로 자신들이 원하는 바를 해결해줄 것이라고 믿어 의심치 않았기 때문이다.

방사탑 돌아보기

제주도 방사탑은 그 위치에 따라 크게 바닷가, 바다 안, 들녘, 길가로 나누어진다. 제주시 한경면 용수마을 방사탑의 경우를 보면, 남북으로 약간의 간격을 두고 선 2기의 방사탑이 포구에 나란히 세워져 있다. 마을 사람들 말로는 바다 방향의 허한 곳을 보강하기 위해 세운 것이라 한다. 2기 모두 꼭대기에 새 부리 모양의 '매주제기'가 올려져 있다. 탑을 쌓을 때는 멍에를 넣었다고 하는데, 멍에의 단단한 줄과 나무가 강한 힘으로 마을의 허한 곳을 지켜주기를 바라는 마음이 담겨 있다고 한다.

제주시 도두2동 692번지, 694번지 경계 일대에 있는 몰래물마을 방사탑은 이 마을의 엉물(용천샘물) 부근 해안도로변에 있다. 정상부에 새 형상을 얹어놓은 동탑(1호)과 달리 서탑(2호)은 그런 장치가 보이지 않는다. 동탑 정상의 새 형상의 긴 돌은 북쪽의 액운을 막기 위해서라 한다.

제주 제주시 이호2동 경계 일원의 골왓마을에도 방사탑이 있다. 골왓마을은 사악한 기운이 들어오는 방위가 남쪽이기 때문에 남쪽에 동서로 나란히 4기를 쌓고, 조금 떨어진 곳에 1기를 더 쌓았다. 전해오는 이야기로는, 어느 날 갑자기 북풍이 불어와 모래구릉이 형성된 뒤로 마을에 질병이 유행하여 젊은이들이 많이 죽고 화재가 빈발하는 등 재난이 심하자 마을 사람들이 이를 막기 위해 탑을 쌓았다고 한다.

서귀포시 대정읍 인성리 방사탑은 인성리에서 단산으로 가는 길에 '알뱅디'라 불리는 넓은 평지에 세워져 있다. 마을에 자주 불이 나고 가축이 병들어 죽는 일이 많아 4기를 쌓았다고 하는데, 1950년대 훈련소가 들어서면서 군인들이 허물어버려 지금 2기만 남아 있다.

그런가 하면 조천읍 신흥리의 U자형 포구에는 5기의 방사탑이 산재해 있다. 마을 사람들의 말에 따르면 포구 모양이 게가 집게발을 벌린 형국이어서 배가 들어올 때 물지 못하게 하려고 쌓았다고 한다. 대정읍 무릉리 주거지역 서쪽에는 4기의 방사탑이 남북으로 놓여 있는데, '앞논'이라 부르는 이곳의 허한 기운을 보강하여 부정과 액운을 막기 위해 쌓은 것이라 한다. 이 탑은 남쪽 맨 왼쪽에 있으며, 비교적 원상태를 유지하고 있다.

무릉리 주거지역 서쪽에는 4기의 방사탑이 남북으로 놓여 있는데, '앞논'이라 부르는 이곳의 허한 기운을 보강하여 부정과 액운을 막기 위해 쌓은 것이라 한다. 무릉리 방사탑은 풍농을 기원하기 위해 밭갈이에 소용되는 쟁기의 볏과, 보습, 솥을 묻었다고 한다.

화산섬인 제주도의 기후는 모질고 땅은 척박하고 바다는 거칠다. 제주민들은 이 악조건을 극복하기 위해 지덕이 약하거나 드센 곳에 방사탑을 세워 취약한 자연조건을 보완했다. 탑 속에 부장품을 넣어 벽사 초복을 빌었고, 그 앞에서 동제를 벌여 신들에게 풍농 풍어 가내 평안을 기원했다. 제주의 방사탑은 그래서 제주의 자연환경과 제주민의 소망을 적나라하게 비춰주는 거울과 같은 것이라 하겠다.

불탑사 오층석탑

제주시 삼양1동 원당봉 기슭의 불탑사 경내에 있는 고려시대 석탑이다. 4미터 높이의 이 현무암 석탑은 제주도에서는 유일한 불탑으로, 문화재적 가치가 인정돼 보물로 지정되었다. 문화재 지정 명칭은 '제주 불탑사 오층석탑'으로 되어 있지만 원래는 고려 후기 사찰인 원당사에서 조성한 탑이므로 정확히 말하면 원당사지 오층석탑이다.

원당사는 조선 중기에 폐지되었고, 1950년 이후 그 사지에 불탑사가 들어섰다. 현재 불탑사는 대한불교 조계종 제23교구 본사인 관음사의 말사로 있다. 사찰 건립 당시 사지 주변에 방치돼 있던 탑재들을 수습하여 복원해놓은 것이 지금의 오층석탑 모습이다. 탑 모양이 형식적이고 조식(彫飾)이 단순 소박하면서 지방색이 강한 것이 특징이다.

탑은 1단의 기단 위에 탑신석을 5층으로 쌓고, 꼭대기에 머리 장식을 얹어 마무리한 형식이다. 기단에는 뒷면을 제외한 세 면에 안상(眼象)이 얕게 새겨져 있다. 1층 옥신석 남쪽 면에 감실(龕室)이 마련되어 있는데, 실제로 이곳에 사리를 봉안했는지는 알 수 없다. 1988년에 보주(寶珠) 또는 용차(龍車)로 보이는 석재 유물이 발견되었다. 이 유물에 철심이 꽂혔던 흔적으로 보이는 구멍이 나 있어 원래 탑 상부에 찰주(擦柱)가 지탱하는 상륜이 올려져 있었을 것으로 추정하고 있다.

전해지는 설화에 의하면, 원나라 순제가 태자가 없어 고민하던 중에 북두(北斗)의 명맥(命脈)이 비친 삼첩칠봉 밑에 탑을 세우고 불공을 드리면 아들을 얻을 수 있다는 승려의 계시를 믿은 순제의 제2황비 기황후(고려 기자오(奇子敖)의 딸이다)의 간청을 듣고 이곳에 원당사와 함께 불탑을 세웠으며, 순제가 사자를 보내 불공을 드린 결과 아들을 얻었다고 한다. 이것이

불탑사 오층석탑

기단에 부조된 문양과
초층 옥신의 감실

삼성혈 전경

삼사석과 삼사석비

사실이라면 원당사지와 오층석탑은 원(元) 지배기의 제주 불교의 일면을 대변해주는 증거로서의 의미도 가졌다고 볼 수 있다.

삼성신화의 무대, 삼성혈과 혼인지

삼성혈(三姓穴)은 제주 공동체의 뿌리를 상징하는 유적지로, 탐라국 시조 세 신인(神人)이 땅에서 솟았다는 삼성신화의 주무대다. 제주특별자치도 제주시 삼성로 22(이도일동 1313)에 있으며, 1964년에 사적으로 지정되었다. 신비스럽게도 세 개의 구멍은 많은 비나 눈이 와도 물이 고이거나 눈이 쌓이는 일이 없다고 한다. 1526년(중종 21) 이수동 목사가 처음 이곳에 홍살문과 혈비(穴碑)를 세우고 담장을 쌓고 춘추로 제사를 올리기 시작한 이래로 역대 제주목사에 의한 성역화 사업이 지속되어왔다. 지금도 매년 봄·가을에 대제와 건시대제(乾始大祭)가 봉행되고 있다.

세 개의 지혈(地穴)에서 조금 떨어진 곳에 삼사석비가 있다. 이 비는 원래 제주시 화북동 삼사석(제주특별자치도 기념물) 옆에 있었던 것인데, 1930년 고한용 등이 새 비석을 세울 때 땅에 묻은 것을 그 후에 발굴, 보관해오다가 2009년에 이곳 삼성혈 경내로 옮겨왔다. 탐라국 고을나 양을나 부을나 세 신인이 벽랑국 세 공주를 배필로 맞아 각자의 살 땅을 정하기 위해 화살을 쏜 것을 회상하여 세운 비석으로 영조 11년(1735)에 제주 목사 김정이 제작한 것으로 알려져 있다. 비의 전면에는, "모흥혈의 아득한 옛날 화살 맞은 돌 그대로 남아 신인의 기이한 자취 세월이 바뀌어도 오래도록 비추리(毛興穴古 矢射石留 神人異蹟 交暎千秋)"라는 글이 새겨져 있다.

삼성혈 경내에는 제주 삼성 시조의 위패가 봉안된 삼성전. 제향 업무를 맡아보는 전사청(典祀廳), 조선시대 학생들이 학업에 전념했던 숭보당, 〈제

연혼포 표지석 뒤로 보이는 일출

혼인지

주 개벽 삼성혈의 신화〉비디오를 상영하는 영상관, 삼성신화에 관한 모형도와 고문서, 제기 등을 전시하는 전시관 등이 있는데, 모두 1970년 이후에 지어진 건물들이다.

삼성신화는 『고려사』, 『영주지(瀛洲誌)』, 『세종실록지리지』 등의 문헌에 전하는데, 『고려사』에 기록된 삼성 신화 내용을 소개하면 대강 이러하다.

고기(古記)의 기록은 이러하다. 태초에 사람이 없었는데, 세 신인이 땅에서 솟아 나왔다. 그 구멍은 주산인 한라산 북쪽에 있는데, 모흥(毛興)이라고 한다. 맏이는 양을나(良乙那), 그 다음은 고을나(高乙那), 셋째는 부을나(夫乙那)라고 했다. 세 사람은 거친 땅에 살면서 사냥하며 가죽옷을 입고 고기를 먹었다.

하루는 자주색 진흙으로 봉해진 나무상자가 바다에서 떠다니다 동쪽 해안에 닿는 것을 보았다. 가서 열어보니 상자 안에 돌로 된 상자가 있었고, 자주색 옷에 붉은 띠를 두른 사자(使者)가 따라 나왔다. 돌 상자를 여니 푸른 옷을 입은 세 처녀와 망아지 · 송아지 · 오곡 종자가 나왔다. 사자가 말하기를, '우리는 일본국 사신입니다. 우리 왕이 이 세 딸을 낳고는, 서쪽 바다 가운데의 산에 신인 세 사람이 내려와 장차 나라를 열고자 하나 배필이 없구나라고 하곤 저에게 세 딸을 모시고 여기로 가라 하셨습니다.' 사자는 이 말을 남기고 홀연히 구름을 타고 사라졌다.

세 사람은 나이 순서에 따라 세 여자를 아내로 삼았다. 세 사람은 샘물 맛이 좋고 땅이 비옥한 곳으로 가서 화살을 쏘아 땅을 정했는데, 양을나가 맞힌 곳을 제일도(第一都), 고을나가 맞힌 곳을 제이도(第二都), 부을나가 맞힌 곳을 제삼도(第三都)라 했다. 처음으로 오곡을 파종하고 또 가축을 길러 나날이 부유하고 자손이 번성하게 되었다.

삼성 신화 관련 유적지는 세 신인이 탄생했다는 삼성혈 외에도 제주 곳곳에서 찾아지는데, 벽랑국 세 공주가 도래했다는 연혼포도 그중 하나다. 서귀포시 성산읍 온평리 해변에 '延婚浦(연혼포)'라는 글자가 새겨진 용암 바위가 있는데, 이곳이 벽랑국 세 공주가 처음 도래한 곳임을 알려준다. 세 공주가 도착할 무렵 황금빛 노을이 출렁거렸다 해서 이곳을 황오알이라 부르기도 한다.

한편, 세 신인이 각각 벽랑국 세 공주를 배필로 삼아 혼례를 치른 혼인 지(婚姻池, 제주특별자치도 기념물)와 혼례 후 첫날밤을 지냈다는 신방굴도 그 부근에 있다. 그리고 제주시 화북1동에 있는 삼사석(三射石)은 수렵 생활을 하던 삼신인이 한라산 북쪽 기슭 사시장올악(射矢長兀岳)에서 화살을 쏘아 거주지를 정할 때 화살을 맞은 돌이라 한다. 삼신인 형제가 활을 쏘아 자기 거주지를 정할 때 맏이는 '일도(一徒)', 둘째는 '이도(二徒)', 셋째는 '삼도(三徒)'를 자기 거주지로 정했는데 지금 제주시의 동 이름 일도동, 이도동, 삼도동이 여기에 기원을 두고 있다. 그리고 세 신인과 세 공주 이야기는 송당본풀이, 호근리본향당본풀이와 같은 제주의 무속신화인 당신(堂神) 본풀이를 통해 오늘날까지 전해져오고 있다.

삼성혈의 가치를 '고·양·부 만의 것이 아닌 동아시아 속에서 찾겠다'는 의지로 설립한 단체가 있는데, 1921년에 설립한 재단법인 고·양·부 삼성사재단이 그 주인공이다. 건시대제(乾始大祭), 벽랑국 삼공주 추원제, 장학사업, 탐라문화상 등 제주 역사의 뿌리를 지키며 도민과 함께하는 활동을 지금도 계속 이어오고 있다. 재단의 흥미로운 사업 중 하나는 벽랑국 삼공주에 대한 가치를 발굴하겠다는 것인데, 고·양·부가 할아버지라면 삼공주는 할머니 격이라는 논리에서 출발했다. 2009년 12월 혼인지에 사당을 짓고 벽랑국 삼공주 위패를 처음 봉안한 것도 같은 차원에서 시행한 일이라 한다.

유배된 관리들의 한이 서린 연북정

제주특별자치도 제주시 조천읍 조천리 바닷가에 있는 조선 중기의 정자로, 북쪽 바다에 접한 높고 평평한 지대 위에 세워져 있다. 선조 23년 (1590)에 절제사 이옥이 성을 동북쪽으로 돌려 쌓은 다음 정자를 그 위에 세워 '쌍벽정'이라 했다. 그후 선조 32년(1599)에 제주목사 성윤문이 이 건물을 보수하고 '연북정'이라 개칭했다. 앞면 3칸, 옆면 2칸 규모의 팔작지붕 건물로, 제주특별자치도 유형문화재로 지정돼 있다.

제주도에서 '북'은 지남침이 가리키는 지리상의 북 이상의 상징성을 갖는다. 특히 유배 온 처사들의 경우 북쪽은 곧 임금이 있는 곳으로 반드시 다시 돌아가야 할 곳이다. 그래서 북쪽이 연모의 마음이 향하는 곳이 된다. 『논어』「위정(爲政)」에, "덕정을 펼치게 되면, 북신이 가만히 제자리를 지키고 있어도 뭇별들이 옹위하는 것처럼 될 것이다(爲政以德 譬如北辰居其

연북정

所 而衆星拱之)"라는 말이 나온다. 이를 계기로 북극성, 즉 북신은 곧 왕을 의미하는 말이 되었다. 조선 후기의 문신 황경원(1709~1787)은 「문효세자 만장(挽章)」에서 "오직 효심으로 북신을 연모하였네(惟有孝心戀北辰)"라고 하면서 '연북'이라는 말을 썼다. '연북'은 북신(北辰), 즉 임금을 연모한다는 말이니, 연북정은 임금을 그리고 사모하는 연모의 정과 제주에 부임하거나 좌천, 또는 유배된 육지 관리들의 회한이 서려 있는 정자라 할 것이다.

정의향교와 전패

제주특별자치도 서귀포시 표선면 성읍서문로 14(성읍리 820)에 있으며, 제주특별자치도 유형문화재로 지정돼 있다. 현명하고 어진 성인과 유학자의 위패를 봉안, 배향하는 것과 함께 미신과 음사(淫祀)에 빠진 제주민을 유교적으로 교화하기 위해 태종 16년(1416)에 창건되었다. 순조 9년(1809)에 현감 여철영에 의해 서성내(西城內)에서 화원동으로 이전되었다가 헌종 15년(1849)에 목사 장인식의 계청에 의해 지금의 위치로 옮겨졌다.

향교 건물 대부분이 남향한 것과는 달리 정의향교는 정의읍성 서문 옆 다소 높은 위치에서 동향으로 자리를 잡고 있어 이채롭다. 대성전 건물에서도 특이한 점이 발견되는데, 그것은 높이가 약 90센티미터 정도 되는 긴 원기둥 모양의 주춧돌을 사용한 점이다. 이 같은 형태의 주춧돌은 육지의 다른 어떤 향교 건물에서도 찾아보기 힘든 것이다. 제주도 지역이 비바람이 강한 지역이기 때문에 비가 들이쳐 기둥 아래쪽이 쉽게 상하고 썩는 것을 방지하기 위한 묘책이 아닌가 생각된다.

경내에는 대성전·명륜당·동재·서재·내삼문 등이 자리 잡고 있다. 대성전에는 대성지성문선왕으로 추앙되는 공자를 중심으로 오성(五聖)과

정의향교 대성전(국가유산포털)

송조사현(宋朝四賢), 그리고 우리나라 십팔현(十八賢)의 위패가 봉안돼 있다. 그런데 한 가지 특이한 점은 유교 예제에 맞지 않게 왕을 상징하는 전패(殿牌)와 공자 위패가 대성전에 함께 봉안돼 있다는 사실이다.

전패는 '殿(전)' 자를 새겨 각 고을 객관에 세워둔 나무패[木牌]인데, 임금과 왕권을 표방하는 의물(儀物)이다. 동지, 설 명절 및 국왕의 탄일조하와 기타 하례의식이 있을 때, 지방 관원과 주민들이 객관에 나아가 전패를 모시고 왕을 경배한다. 그것은 서울에 가서 궐문에 엎드려 절하는 것과 다를 것이 없었다.

전패는 국왕의 상징물이므로 그 보관 및 관리는 매우 엄격했다. 만약 훔쳐가거나 훼손하면 전패작변(殿牌作變)이라 하여 대역죄로 물어 본인은 물론 일가족까지 처형했다. 해당 고을은 이웃 고을에 병합하고 수령은 파직시켰다. 이 때문에 고을 수령에게 원한을 품은 자들이 그를 축출하기 위해 고의로 전패를 훔치거나 훼손하는 일이 벌어지기도 했다. 문헌 등에 의하

대성전에 안치된 전패
(국가유산포털)

면, 헌종 13년(1847) 3월 도둑이 정의현 전패를 훔쳐가는 일이 생겼는데, 제주목사 이의식은 범인을 체포하여 조정에 보고하고 참형에 처했다. 이후 그 전패는 도적의 손에 더럽혀졌다고 하여 객사 후원에 묻고, 같은 해에 정의현감 이동규가 임금의 허락을 받아 지금의 새 전패를 봉안했다.

전패가 정의향교 대성전에 있게 된 배후에는 일제강점기 우리 민족의 아픔이 있다. 국권 피탈 직후 일본은 조선 왕의 존재를 없애기 위해 임금을 상징하는 '殿(전)'이란 글자를 쓰지 못하게 했고, 전패를 땅에 묻도록 명령했다. 이에 정의향교 재장 오방렬(1851~1912) 등은 유림을 규합하여 명령에 불복했다. 일본 관헌들이 전패를 억지로 땅에 묻으려 하자 유림은 토평·의귀·토산·성읍 등지의 유생들을 규합하여 전패를 오의사묘(吳義士廟, 의사 오흥태를 모신 사당)로 몰래 옮겨 안치해놓았다. 이 사실이 발각되어 오방렬 등은 체포되어 고문당한 후 결국 장독(杖毒)으로 세상을 뜨고 말았다. 오의사묘에 옮겨졌던 전패는 이후 의사묘가 헐릴 때 정의향교 대성전으로 옮겨져 지금에 이르고 있다. 이 전패는 제주도에 남은 유일한 전패(殿牌)로서, 희소성과 함께 제작 경위, 이전 및 보전 내력 등 관련 사실들이 확실하다는 점에서 역사적 가치가 큰 유물로 평가되고 있다.

제주의 파란만장한 역사와 함께한 관덕정

관덕정(觀德亭)은 세종 30년(1448)에 안무사 신숙청에 의해 창건되었다.

제주시 삼도 2동에 있으며, 1963년에 보물로 지정되었다. 당초에 3칸 건물이었던 관덕정은 성종 11년(1480) 양찬 목사가 중수한 것을 시작으로 여러 차례 중수와 개축 과정을 거쳤고, 고종 19년(1882) 박선양 목사가 전면 13칸, 측면 10칸, 높이 5칸으로 증축했는데, 그때 지붕 4각에 풍경 장식을 달아 화려함을 더했다고 하니 볼 만했을 것이다. 일제강점기인 1924년에 제주도 도사(島司) 마에다젠지(前田善次)가 관덕정을 중수할 때 바로 옆에 신작로를 내면서 처마가 도로에 걸린다는 이유로 잘라내고 없던 벽을 설치하는 등 본래 모습을 크게 훼손시켰다. 해방 직후 관덕정은 제주도의 임시도청, 1952년도 이후로는 제주도의회 의사당, 북제주군청의 임시청사, 미국공보원 상설 문화원 등으로 사용되는 등의 우여곡절을 겪었다. 현 건물은 1969년에 중수된 것이다.

정자 둘러보기

지금 정자 정면에 걸린 '觀德亭(관덕정)' 편액 글씨는 선조 때 영의정을 지낸 아계 이산해(1539~1609)가 쓴 것으로 알려져 있다. 그런데 창건 당시에는 세종의 아들 안평대군이 쓴 편액이 걸려 있었다고 하나 확실한 것은 알 수 없다. 정자 안에는 '觀德亭' 외에 '耽羅形勝(탐라형승)', '湖南第一亭(호남제일정)'이라 쓴 커다란 편액이 걸려 있다. 이들 편액은 연무의 장으로 창건된 관덕정에 탐라 승경을 즐기는 누정으로서의 성격을 가미한 측면이 있다. 정자 뒤 약간 높은 축대에 '宣德臺(선덕대)'라는 글씨가 새겨진 바위가 있다.

관덕정 내부 들보에 민화풍의 그림이 그려져 있다. 내용을 보면 취과양주귤만교(醉過楊州橘滿轎) · 상산사호(商山四皓) · 적벽대첩(赤壁大捷) · 대수렵(大狩獵) · 진중서성탄금(陣中西城彈琴) · 홍문연(鴻門宴) · 십장생(十長生)

관덕정 전경

등이다. 1976년에 제작한 모사본은 현재 제주시 민속자연사박물관에 소
장돼 있다.

관덕정 광장

'관덕(觀德)'은 『예기』「사의(射義)」에, "활쏘기는 진퇴와 주선(周旋)이 반
드시 예에 맞아야 한다. 마음이 바르고 자세가 곧아야 활과 화살을 잡을
때 바르고 안정되고, 활과 화살을 잡을 때 바르고 안정돼야 적중을 말할
수 있다. 활쏘기는 덕행을 살필 수 있다."라고 한 내용에서 딴 것이다. 마
음 수양을 위해 활쏘기를 하기는 해도 관덕정에서의 활쏘기는 그 목적이
다르다. 서거정(1420~1488)이 쓴「제주 관덕정을 중신(重新)한 것에 대한 기
문」(『사가문집』기(記))에 그 목적이 자세히 기록되어 있다.

놀며 관망하기 위한 것이 아니라 본래 열무(閱武)를 하기 위해서다. 제주
고을 사람들이 날마다 여기서 활쏘기를 익힐 것인데, 그냥 과녁을 쏘는 것
뿐만이 아니라, 말을 타고 달리면서 쏘는 것도 익힐 것이고, 말을 타고 쏘

신화의 섬 제주문화 찾아가기

〈취과양주귤만교도〉(위), 〈대수렵도〉(아래).

는 것뿐만이 아니라 전투의 진법(陣法)도 익힐 것이다. 그리하여 왜적의 침
범이 있을 때는 세 고을의 군대를 출동시켜 상산(常山)의 형세를 만들고, 바
다와 육지에서 보병과 기병이 각각 출병하여 힘을 다해 싸워 다투어 적의
목을 베어, 이로써 부모와 처자를 구원하고 이로써 한 고을을 보전하고, 이
로써 나라의 간성(干城)이 되어 역사에 공명을 기록하게 될 것이니, 어찌 다
행스러운 일이 아니랴.

애초에 관덕정은 군사적 목적에서 설치되었다. 관덕정 전면 퇴 칸을 사
대(射臺)로 하여 광장 끝에 설치된 과녁을 향해 활쏘기 훈련을 했으며, 광
장에서는 전술 훈련과 군사 사열 등이 이루어졌다. 광장은 점차 군사훈련
외에도 과거 시험과 기로연 장소로 사용되었는가 하면, 제주 관리들의 근

관덕정 앞의 입춘굿 놀이, 국립중앙박물관 소장(원판번호 140042).

삼각형으로 변한
관덕정 광장.

무 치적을 평가하는 장소로, 공마(貢馬) 진상을 위한 점마(點馬) 행사 장소
로도 이용되었다. 제주읍성 중심에 자리 잡은 관덕정과 그 앞 광장은 이처
럼 조선시대부터 군사 행정과 정치·문화의 중심지였다.

근대화 시기에 이르러서 관덕정 앞마당은 시민광장의 기능을 다했다.
봄이 되면 신령님께 풍년을 비는 '탐라국 입춘굿'이 벌어졌고, 닷새에 한

번 큰 장터가 열렸으며, 조선 말기에는 민란의 우두머리가 이곳에서 교인들을 처형하기도 했다. 4·3사건의 도화선이 된 1947년 3·1절 발포 사건과 같은 가슴 아픈 역사의 현장이 바로 이곳이다. 이처럼 관덕정 앞마당은 오랜 세월에 걸쳐 제주민의 삶과 직접 관련된 크고 작은 일들이 벌어졌던 사연 많은 관(官)·민(民)의 광장이었다.

제주목 관아

제주특별자치도 제주시 관덕로7길 13 소재 제주목 관아(사적)는 조선 말까지 명실상부한 제주의 정치·행정·문화의 중심이었다. 그러나 일제강점기에 집중적으로 훼철되면서 관덕정을 제외한 대부분의 전각들이 사라지는 비운을 맞았다. 그 빈터에 제주시가 1991년부터 1998년까지 4차 발굴 조사 결과와 제주목사 이형상이 남긴《탐라순력도》를 참고하여 지금의 모습으로 복원했다. 경내에는 목사의 집무소인 연희각, 관찰사·안무사 등이 사용하던 홍화각, 연회 장소였던 우련당, 목사를 보좌하는 군관들이 근무했던 영주협당을 비롯해서 목사의 쉼터로 이용된 귤림당이 있으며, 왕의 은덕을 기리던 누각인 망경루가 북쪽에 자리 잡고 있다. 군데군데 남은 빈터는 동헌내아·노비행랑·심약방·마구간·교방 등 부속 건물들이 있었던 자리다.

제주목 관아의 건물 배치는 북을 등지고 남을 바라보는 배북향남을 방위의 정체(正體)로 삼았다. 역대 군왕들은 즉위할 때나 정치 행위를 할 때 항상 남면(南面)을 고수했다. 이유는 밝음이 가장 성한 남쪽을 바라보는 것이 만물의 근본을 밝힘과 동시에 왕의 권위와 정통성을 공식화하는 의미를 갖기 때문이다. 제주목 관아도 그 뜻을 계승하여 모든 건물을 남향으로 배치했고, 목사는 연희각에서 남면의 자세로 정사를 돌보았다.

제주는 육지에서 멀리 떨어진 섬이다. 목사직을 제수받은 관리가 한양서 제주까지 가는 길은 멀고도 험했다. 조선 후기의 문신 이원조(1792~1871)가 헌종 6년(1841)에 제주목사를 제수받고 한양을 떠나 제주에 도착할 때까지의 기록이 『탐라록(耽羅錄)』에 전하는데, 그 내용을 요약하면 이러하다.

그해 3월 11일에 임금께 하직 인사를 하고 한양을 떠난 이튿날 시흥에서 점심을 먹고 수원에서 하룻밤을 보낸다. 다음 날에는 진위에서 점심을 먹고 온양에서 잔다. 그 이후 부여·임피·김제·부안·흥덕·영광·무안을 거쳐 9일 만에 영암에 도착한다. 영암에서 이틀 머물다가 사흘째 되던 날(3월 26일) 배에 올랐으나 바람이 불지 않아 다시 내린다. 그다음 날은 동풍이 크게 불고 파도가 너무 높아 감히 배에 오르지 못한다. 하루가 더 지나서야 바람이 순해져서 서안도를 거쳐 큰 바다로 나간다. 윤삼월 1일, 우여곡절 끝에 일단 제주에 도착하지만 바람이 고요하여 관아로 직접 가지 못하고 객관에 머문다. 한양을 떠난 지 20여 일 만이다.

이처럼 제주는 육로가 멀 뿐만 아니라 뱃길 또한 험악하여 한양과의 왕래와 소통이 결코 쉬운 곳이 아니다. 제주의 이런 지리적 특성 때문에 제주목 관아는 단순한 관청 이상의 기능과 위상을 갖게 되었다. 당시 제주는 왜구 침입이 잦은 군사 요충지였고, 토착 세력이 강한 지역이기 때문에 조선의 역대 왕들은 제주 목사에게 전라도 관찰사에 준하는 직무와 권리를 위임했다. 역모나 민란 같은 긴급한 상황이 발생했을 때는 먼저 조치하고 후에 보고할 수 있도록 했다. 행정은 물론 군사적 권한과 책임이 강조되었기 때문에 제주목사는 제주 최고의 통치자로 군림했다.

제주목 관아 경역에서 주목되는 건물은 남북 축선 북단에 있는 망경루

신화의 섬 제주문화 찾아가기

(望京樓)다. 조선시대에 지방의 20개 목(牧) 가운데 제주목에만 유일하게 존재했던 이 2층 규모의 큰 누각은 당시 제주에 고립된 목사들의 왕에 대한 과도한 충성심과 맞물려 있었다. '望京'을 직역하면 '서울을 바라본다'라는 뜻이지만 그 말속에는 임금을 그리며 사모한다는 뜻이 담겨 있다. 고종 때 제주목사를 지낸 양헌수(1816~1888)는 망경루에서 잔치를 벌이고 임금의 은혜를 기리며 지은 시에서 이렇게 읊었다. "망경루 위에서 서울을 바라보니 한강 가로 돌아가고 싶은 생각 금할 수 없네. 즐비한 의관들이 궁궐을 가득 채웠겠지(望京樓上望京華 歸意難禁漢水涯 濟濟衣冠依紫極)"(『형재시집』). 몸은 제주에 있어도 마음은 항상 임금 곁에 있음을 노래한 것이다. 뜻이 이러하므로 이 누각은 제주민을 위한 정치 행정과는 아무 관련이 없는 건물인 셈이다.

조선시대 제주를 거쳐 간 목사는 286명으로 알려져 있다. 역대 제주목사 중에는 제주 특산물인 귤, 말 등 진상품을 많이 확보하여 왕이나 권세가에게 상납하기 위해 주민들을 괴롭힌 이들이 적지 않았다. 진상품을 점검하고 봉진하는 행사를 북배(北拜) 장소인 망경루 앞마당에서 벌였다. 《탐라순력도》의 〈감귤봉진도〉에서 당시의 감귤 봉진 행사 모습을 살필 수 있는데, 좌목(座目)에 기록된 물품은 당금귤(唐金橘)·금귤·유감(乳柑)·동정귤·산귤·청귤·유자(柚子)·당유자·치자·진피(陳皮)·청피(靑皮) 등이다. 귤의 진상은 통상 9월부터 시작하여 다음 해 2월까지 10일 간격으로 1운(運)에서 20운까지 20회가 이루어졌다고 하는데, 운(運)은 큰 물결을 의미하는 한자로, 배에 실어 보낸 횟수로 해석된다.

귤이 제주 특산물이라는 점 때문에 제주민들은 관의 시달림을 적지 않게 받았고, 귤을 향한 조정의 애정이 강하면 강할수록 제주민들의 부담은 더욱 커져만 갔다. 진상용 진피, 유자 등을 제외한 귤만 해도 6천여 통(筒)

망경루 전경

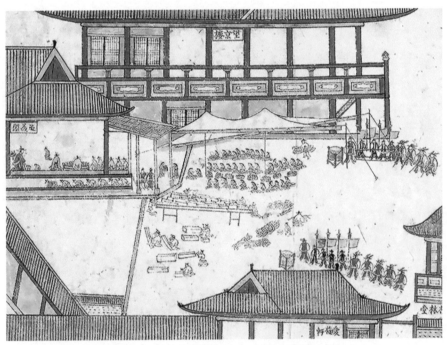

《탐라순력도》〈감귤봉진도〉(부분), 그림 위쪽에 보이는 건물이 망경루이다.

신화의 섬 제주문화 찾아가기

에 달했음이 확인된다. 제주민들이 이 많은 귤을 생산하여 관에 바치기 위해 얼마나 고생했는지 짐작하기 어렵지 않다.

제주도는 귤뿐만 아니라 명마와 군마의 최대 산지다. 말 또한 제주민들이 관에 시달리게 되는 원인이 된 것이다.《탐라순력도》〈공마봉진도(貢馬奉進圖)〉를 보면 목사가 관덕정 중앙에 앉아 있고, 하위 관료들이 좌우에서 목사를 향해 절하는 모습이 보인다. 망경루 앞마당에는 마부들 손에 이끌려 온 수백 마리 말들이 늘어서 있고, 병졸들이 양쪽에서 이들을 살펴보고 있다. 좌목을 보면, 어승마·탄일마·동지마 등 용도별로 분류된 말이 모두 453두로 나타나 있는데, 이것은 결코 적은 양이 아니다.

김상헌『남사록』에 이런 기사가 보인다. "제주에서 진상하는 전복의 수량이 많은 데다 관리들이 사욕을 채우는 것이 또한 몇 배나 된다. 포작인들은 그 일을 견디다 못해 도망가고 익사하는 자가 열에 일곱, 여덟이다." 제주 해녀들이 얼마나 고생하고 핍박당했는지를 말해주고 있다. 제주민들은 이처럼 가혹할 정도로 진상(進上)과 부역(負役)에 시달렸다. 본토에서 제주에 부임한 목사는 임기가 끝나면 육지로 돌아가는 입장이기 때문에 제주민에 대한 봉사보다는 왕의 신뢰를 얻어 정치적 입지를 굳히는 데 더 힘을 기울였다. 그 착취의 현장이 바로 제주목사가 한양을 바라보면서 북배(北拜)를 올린 망경루였던 것이다.

제주목 관아의 정아(正衙)는 연희각이다. 목사가 업무를 수행했던 건물로 제주민들의 삶과 안위가 이곳에서 결정지어졌다. 이원조 목사가 그의「연희각기(延曦閣記)」에 밝혔듯이 '연희(延曦)'는 외지의 신하가 임금께 충성과 정성을 다한다는 뜻이다.

홍화각(弘化閣) 역시 목사를 비롯한 관찰사, 안무사, 목사 등이 업무를 보던 건물로, 상아동헌(上衙東軒)이라고도 불렸다. '弘化'는 왕의 어진 덕

연희각

홍화각

신화의 섬 제주문화 찾아가기

화가 백성에게 널리 미치기를 기원한다는 의미를 담고 있다. 현재 고득종이 쓴 '弘化閣' 편액과 「홍화각기(弘化閣記)」가 삼성혈 전시관에 보관돼 있다. 「홍화각기」는 제주목 관아

고득종이 쓴 홍화각 편액

가 모두 불탄 뒤 세종 17년(1435)에 최해산 안무사가 홍화각 등 여러 건물을 다시 지었는데, 그간의 경위를 밝힌 내용이다. 제주도의 지형과 역사, 최해산의 인품, 홍화각 건립 내력과 홍화각이라 명명한 이유 등을 기록하고 있다.

성읍마을과 정의현성

제주특별자치도 서귀포시 표선면 성읍리에 있는 성읍마을은 세종 5년(1423)에 현청이 성산읍 고성리에서 이곳으로 옮겨온 이래 1914년 군현제가 폐지될 때까지 500여 년 동안 현청 소재지로 존속해왔다. 한국 전통의 생활양식과 민속행사가 계승되는 등 민속적 전통이 잘 보존되고 있으며, 한국 건축사 연구에 중요한 자료를 제공하는 민가들이 즐비하다. 역사적 사실과 관련된 장소와 옛 성터가 고풍을 지니고 있어 국가민속문화재로 지정되었다.

제주 지역의 성은 크게 읍성, 진성, 장성 등으로 나눠지고 축성재에 따라 석성, 토성, 목책성으로 구분되는데, 정의현성은 돌로 축성된 읍성이다. 읍성이란 군이나 현의 주민을 보호하고, 군사적·행정적 기능을 동시에 수행하는 성을 말하는데, 읍성에는 마을 사람들의 강한 생존 의지가 투

영돼 있다. 정의현성은 일제강점기에 대부분 파괴되었지만 지금은 어느 정도 복원이 이루어진 상태다. 남·동·서 3대문 앞에 있던 돌하르방들도 객지에 있다가 제자리로 돌아왔다.

당초 정의현 읍치(邑治)는 성산읍 고성리였다. 그런데 읍치가 정의현 동쪽에 치우쳐 있어 관할지역 간에 왕래하기 매우 불편했다. 이를 개선하기 위해 진사리, 지금의 성읍리로 읍치를 옮기기로 하고 이듬해 1월에 축성을 완료했다. 그로부터 280여 년 후인 1702년에 제주목사 이형상이 조련(操鍊)과 제반 사항을 점검하기 위해 정의현성 성읍마을을 찾았다. 이형상이 성내로 진입하기 직전 상황을 묘사한 그림이 전해지고 있는데, 그가 제작한《탐라순력도》중 〈정의조점(旌義操點)〉이 그것이다.

〈정의조점〉을 통해 당시 정의현성 상황을 살펴보면, 성의 남·동·서쪽에 성문이 한 채씩 있는데 모두 옹성을 갖추었다. 성의 북쪽에 관아가 동향으로 자리 잡고 있고 그 앞쪽에 객청(객사)이 보인다. 객사와 남문을 잇는 길, 즉 '남문통' 좌우에는 초가가 즐비하다. 그런데 여기서 확인할 수 있는 것은, 남문은 맞배 기와지붕이고 동문과 서문은 우진각 초가지붕이라는 점이다. 그런데 최근에 복원한 정의현성 동문과 서문은 우진각 초가지붕이 아닌 팔작 기와지붕으로 돼 있다.

성읍마을의 중요 건물들의 배치는 행정 요지로서의 읍치답게 자오선을 축으로 한 배북향남(背北向南)을 방위의 정체(正體)로 삼았다. 관청 건물로는 관아인 근민헌(近民軒)과 객사가 있다. 국가교육기관인 정의향교도 읍내 좋은 위치를 차지하고 있다. 이밖에 객줏집·고평오 가옥·고창환 고택·한봉일 고택·대장간 집을 비롯하여 독특한 건축기법으로 지은 초가들이 많고, 관청할망당을 비롯한 광주부인당·일뤠당·개당 등 신당도 적지 않다. 희귀하고도 학술적 값어치가 큰 민요가 다수 전승되고 있는 것도 이 마을의 민속문화재적 가치를 더욱 높여주는 요소가 되고 있다.

근민헌은 지금의 군청과 같은 건물로, 당시 정의 현감이 업무를 보던 관청 건물이다. 종6품인 대정 현감은 제주목사의 지휘 감독을 받으면서 군사를 거느리고 이곳에서 주민을 통치했다. 현 건물은 최근에 복원한 것이지만 건물 주변의 멋스러운 느티나무와 소나무가 유서 깊은 근민헌의 역사를 증언하고 있다. 객사는 지방관이 정기적으로 왕에게 배례를 올리는 장소이자 중앙에서 내려온 관리가 묵는 숙소였다. 때로 경로잔치를 베푸는 장소로 이용되기도 했다. 객사 건물은 3칸의 정청(正廳) 좌우에 한 단계 낮은 익사(翼舍)를 붙여놓은 구조인데, 전국적으로 형태가 비슷한 것이 특징이다. 한편, 이 마을에서 권위 건축에 속하는 정의향교는 대성전, 명륜당, 동재 · 서재, 내삼문을 갖추었다.

성읍마을에는 한국 건축사 연구에 중요한 자료를 제공하는 민가들이 많다. 우선 국가민속문화재로 지정된 인가를 살펴보면, 대장간 집은 1879년에 현 거주자인 고상은 씨의 증조부가 지었다는 집으로 객사에서 남문으로 통하는 중심가, 소위 '남문통'에 자리 잡고 있다. 이 점은 어느 마을에서든 대장간이 마을 중심부에 자리 잡는 것과 상통한다. 민가로서의 값어치보다는 옛날 대장간의 면모를 살필 수 있는 가옥이라는 점에 학술 가치가 높다. 같은 남문통 길가에 있는 고평오 가옥은 넓은 대지 위에 건물 배치가 규모를 갖추었고, '호령창'(대청의 쌍여닫이창), '부섭'(난방과 조명, 간단한 조리를 위해 불을 지피는 고정용 돌확) 등 제주 고유의 시설과 관원 숙소로 쓰인 밖 거리의 특수한 가옥 구조와 규모 있는 대문간이 학술 가치를 지니고 있다. 정의향교와 이웃한 한봉일 고택은 울타리에 조화롭게 심겨 있는 나무들과 마당에서 내다보이는 전망이 수려하다. 제주도 전통가옥의 전형적 분위기를 느낄 수 있는 좋은 예이다. 객줏집은 소 · 말을 묶어두는 시설

복원된 정의현성 동문(위)과
서문(아래).

근민헌(국가유산포털)

객사

관청할망당

일관헌

성읍마을 대장간(국가유산포털)

객줏집
(국가유산포털)

물과 물을 먹이는 돌 구유가 특이하다. 창고가 들어앉은 자리에는 말방에
(연자매)가 있었다고 하는데, 말방에를 사가에 설치하는 것은 제주도 내에
서도 보기 드문 일이다.

제주 성읍마을을 국가민속문화재로 지정한 것은 전통적인 주생활 관습과 민속적 풍경을 보존하여 민족문화를 계승하고 국민의 문화적 향상을 도모하기 위해서다. 그런데 훌륭한 취지임에도 불구하고 국가민속문화재 지정이 성읍마을 주민들에게는 현실적인 제약과 불편을 가져다주는 원인이 되기도 한다. 생활의 불편을 개선하기 위해 구조나 현상을 변형, 변질시키면 벌금 등 법적 책임을 져야 하는 것이다. 성읍1리 이장의 말로는 주민 20% 정도가 문화재보호법 위반으로 벌금을 낸 적이 있다고 한다. 규제가 많다 보니 마을을 떠나는 사람이 생기고, 이에 따라 폐가가 증가하고, 폐가를 처리하는 국가적 비용도 늘어나고 있다. 현명한 대처 방법을 고민해야 할 때다.

복원된 제주성 터

제주성은 제주 시내 중심부에 축조되었다. 제주특별자치도 기념물. 현재의 성벽은 대부분 복원된 것으로, 원형을 유지하고 있는 다른 몇몇 지역의 성벽 유적과 비교해보면 정형화되어 있고 너무 단정하여 이질감이 느껴진다.

언제 처음 쌓았는지는 분명하지 않지만 조선 태종 11년(1411)에 왕이 제주성을 정비토록 명한 기록이 『조선왕조실록』에서 전하는 것을 보면 그 이전부터 존재했던 것을 알 수 있다. 『신증동국여지승람』 기록에 따르면, 성곽 둘레가 4,394척, 높이는 11척이었다고 한다. 명종 20년(1565) 목사 곽흘이 을묘왜변의 고통을 되풀이하지 않기 위해 성곽 규모를 더욱 확대했다. 선조 32년(1599) 목사 성윤문은 성벽 높이를 더 높여 일단 지금의 성벽 모습을 갖추었다. 그리고 성곽 남문의 동쪽 치성 위에 장대(將臺) 역할을 하는 제이각을 세우고 왜적의 침입에 대비했다. 남쪽이 높고 북쪽은 낮은 이층 구조로 된 이 누각은 우리나라에서는 보기 드문 형태의 누각 건물이다. 누각에 오르면 제주읍성 안은 물론 주변의 언덕과 하천, 그리고 해안까지 한눈에 조망할 수 있다. 제주목 도성 지도에는 청풍대(淸風臺)로 기록돼 있어 1850년 전후의 평화로운 시대에는 경승을 감상하며 즐기는 장소로도 이용된 것을 알 수 있다.

경술국치 이후 일제는 조선총독부 1호 법률로 조선읍성훼철령을 내린다. 이때 제주성의 성문 대부분이 철거되는 비운을 맞았다. 조선의 흔적을 없애 민족정기와 일제에 대한 저항정신을 말살하기 위한 흉계였다. 더 나아가서 일제는 1925년에 의도적으로 제주성벽을 허물어 동부두, 서부두 방파제 매립용으로 사용하면서 탐라 시대로부터 근대까지 제주의 상징으로 존속해오던 제주성은 극히 일부만 남아 그 명맥을 유지하고 있다.

제주성. 제주특별자치도 기념물.

제이각

제주에 온 다섯 현인을 제사하는 오현단

오현단(五賢壇)은 제주특별자치도 제주시 이도1동에 있으며, 제주특별
자치도 민속자료로 지정돼 있다. 현재 이 일대에는 귤림서원 묘정비와 김
정과 송시열의 유허비가 있으며, '曾朱壁立(증주벽립)'이라는 글이 새겨진
병풍바위가 있다. 이것은 송시열(1607~1689)이 이곳에 거처할 때 좌우명
으로 삼았던 말로, 증자와 주희의 고사를 압축해서 표현한 말이다. 주희가
한때 위학(僞學)으로 몰려 조정에서 축출당했으나 죽림정사에서 강학에 열
중하자, 한 측근이 활동을 중지하여 화를 피하라고 충고했지만, "내가 저

만 길 되는 높은 절벽처럼 꼿꼿이 버틴다면 우리의 도를 밝히는 데에 도움이 되지 않겠는가(然得某壁立萬仞 豈不益爲吾道之光)라고 하면서 지조를 굽히지 않았다고 한다. '증주벽립'이라는 암각서에는 어떤 역경에도 굴하지 않고 증자와 주희처럼 꼿꼿이 지조를 지키며 살겠다는 송시열의 의지가 담겨 있다.

오현단은 제주도에 유배되거나 관리로 파견된 사람 가운데서 제주 문화와 정신을 형성하는 데 큰 영향을 끼친 다섯 인물을 기리기 위해 마련한 제단이다. 선조 11년(1578) 제주 판관 조인후가 기묘사화로 인해 제주도에 유배되어 제주읍성 동문 밖 금강사지에서 살다가 사사된 김정(1486~1520)의 넋을 기리기 위해 건립한 충암묘에 그 연원을 두고 있다. 김정은 대사헌·형조판서 등을 역임하면서 조광조와 함께 미신 타파·향약 시행 등에 힘썼던 인물이다.

충암묘는 효종 10년(1659)에 귤림서원으로 현액되었고, 현종 6년(1665)

오현단

신화의 섬 제주문화 찾아가기

'曾朱壁立'
명 바위

에 지금의 자리로 옮겨졌다. 그 후 헌종 때 김상헌과 정온, 숙종 때 송인수
가 추가로 배향되었다. 숙종 8년(1682)에 사액되었으며, 숙종 21년(1695)에
는 송시열이 추가 배향됐다. 귤림서원은 유학과 유교문화의 전당으로서,
제주 유생들의 지주 역할을 했지만, 흥선대원군의 서원철폐령으로 고종 5
년(1868)에 훼철되었고, 그 후 복원되지 못했다.

　최익현(1833~1906)이 쓴 「귤림서원 터에서 다섯 선생께 올리는 제문(祭
文)」에 당시 제주 실정과 풍속이 잘 묘사돼 있다. 제문 내용은 이러하다.

　이 작은 제주도는 오랫동안 개명(開明)하지 못하여 잡스러운 말과 가죽
옷을 입는 등 풍속이 비루했습니다. 아, 우리 오현(五賢)이 혹은 귀양살이로
혹은 관직으로 이곳에 와서 백성들이 흥기되고 감격하여 지금까지 공경하
니, 그 연유를 따져보면 사실은 하늘의 뜻입니다. 저 귤림의 서원을 바라보
니 제 마음이 즐겁지 못합니다. 서원 자리에 말을 방목하고 밭을 개간하여
제사를 받들지 않으니, 누가 이렇게 만들었습니까? 하늘을 우러러도 대답
이 없습니다. 바다에 뜬 차디찬 달과 한라산의 맑은 바람만이 그 아름다움
을 변치 않고 시종일관 오래오래 전할 것입니다. 행장을 꾸려 떠나려 하니

허전한 마음이 가슴에 복받쳐 옹졸한 말과 하찮은 제수(祭需)를 가지고 삼가 제향을 올리니, 영령은 강림하여 흠향하기를 바랍니다. 아, 흠향하소서.

제주 유림의 거점, 제주향교

제주향교는 정의향교, 대정향교와 더불어 제주의 향교를 대표한다. 제주특별자치도 유형문화재. 제주대학로 102번지에 위치한 제주향교는 유교 성현들의 사상과 행적을 기림과 동시에 제주민의 교육과 교화를 목적으로 세운 국립 교육기관이다. 숙종 대의 사액서원이었던 귤림서원이 대원군의 서원철폐령에 의해 혁파되어 병합된 후 제주향교는 제주에서 영향력 있는 유림들의 활동 공간으로 부각되었다.

당초에 제주향교는 조선 태조 원년(1392) 제주성 내 교동에 세워져 있었으나 선조 15년(1582)에 김태정 목사가, "문묘는 오래도록 우리가 봐야 할 곳인데, 민가 사이에 끼어 있고 사장(射場, 관덕정) 밑에 있으니 숭경하는 뜻이 없다."(이원진, 『탐라지』 제주목 학교조)라고 하면서 고령전(古齡田)으로 이건했다. 이후 현종 9년(1668)에는 이인 목사가 다시 교동 옛터로 옮겨 세웠다. 그러나 경종 4년(1724)에 화재로 소실되자 신유익 목사가 다시 1년 만에 고령전 옛터에 향교를 지었다. 이후에도 신임 목사들에 의해 몇 차례 이건 과정을 거쳐 순조 27년(1827)에 지금의 자리로 옮겨져 오늘에 이르고 있다.

제주향교는 애초에 경사 지형에 맞추어 홍살문-외삼문-명륜당-대성전-계성사로 이어지는 전학후묘(前學後廟) 형태를 갖추었다. 그러나 앞쪽에 제주중학교가 들어서게 되자 명륜당을 대성전 오른쪽으로 옮겨놓음으로써 좌묘우학(左廟右學) 형태가 되었다. 그러나 대성전 및 계성사는 지금까지 본래 자리를 유지하고 있다.

대성전 안에 공자를 비롯한 여러 성현들의 위패가 봉안돼 있는데, 그 면모를 살펴보면, 공자의 위패를 정위로 하여 안자·증자·자사·맹자의 5성인과 공문십철(公門十哲)·송조육현(宋朝六賢)·한국십팔현(韓國十八賢)이 모셔져 있다. 제주향교가 여타 향교와 다른 점은 계성사를 철종 5년(1854)에 창건하여 오성(五聖)의 아버지 위패를 모셨다는 것이다. 숙종 27년(1701) 성균관에 계성사 설립을 시작으로 주요 향교에서도 계성사를 설립하고 제향을 봉행했으나 대부분 훼손, 철거되고 전주향교, 제주향교 이두 곳만 남게 되었다.

제주향교 경내에는 다른 향교에서 보기 어려운 행단정이 있다. 행단은 은행나무, 또는 살구나무가 있는 단이란 뜻인데, 공자가 제자들과 예악을 논하고 학문을 가르쳤던 곳이 은행나무 아래였다는 데서 연유한다. 공자 사당이나 유학을 가르치는 학교에는 대개 은행나무를 심어 행단이라 불렀으며, 행단이라는 이름 자체가 유교 학당의 대명사로 쓰이기도 했다. 제주 향교에서 행단정은 공자를 제향하는 사당으로서의 제주향교를 상징하는 역할을 하고 있다. 또 하나 눈에 띄는 것은 공부자상이다. 대성전과 계성사 중간에 세워져 있는데, 우리나라에서는 최초로 세워진 공자의 동상으로서 당시 성균관 부관장이었던 박중훈이 고증하고 조각가 문정화가 제작했다.

대성전은 이건 이후 원위치에서 큰 변화 없이 본래의 형태를 유지하고 있고 제주도 건축의 특성이 잘 나타나 있어 2016년에 보물로 지정되었다. 흥미를 끄는 것은 귀포와 배면포의 외목도리 장여의 하부에 처마가 처치는 것을 방지하기 위한 덧기둥을 설치해놓은 점이다. 이 구조는 다른 지역에서는 찾아보기 어려운 것으로 제주에서도 대정향교와 제주향교 대성전

제주향교 대성전

대성전 내부

신화의 섬 제주문화 찾아가기

계성사

행단정

공부자상

대성전 모퉁이에 덧댄 기둥이 보인다

에서만 볼 수 있다.

향교는 근대적 교육제도가 성립되기 이전에 각 지역에 설립된 관학기관으로서 인재를 양성과 지역 문화를 선도의 거점 역할을 했다. 제주향교 역시 조선시대에 국가로부터 토지와 책, 노비 등을 받아 학생을 가르쳤으나 갑오개혁(1894) 이후 봄·가을에 석전대제를 봉행하고 매월 1일 15일에는 분향례(焚香禮)를 봉행하는 등 제사만 지내고 있다. 그러나 이것은 현재의 제주향교를 떠받치는 무형의 정신적 상징이 아닐 수 없다.

존자암지 세존사리탑

존자암지는 한라산 영실로 통하는 볼레오름 기슭에 있다. 소재지는 제주특별자치도 서귀포시 하원동 산 1-1번지다. 제주 불교의 상징이자 불교의 초전지(初傳地)로 알려진 존자암은 원래 한라산 기슭의 영실에 있었다. 이능화의 『조선불교통사』에서는, "한라산에 존자암지가 있다. 발타라 존자가 창건했다"라고 서술하고 있다. 승려가 수행하는 형상의 돌이 있어 수행동(修行洞)으로 불리기도 했던 존자암은 쇠락과 중창을 거듭하다가 17세기 전반경 지금의 대정 지역으로 옮겨온 것으로 알려져 있다.

현 존자암에서 주목되는 것은 산기슭에 있는 세존사리탑(제주특별자치도 유형문화재)이다. 발견 당시 주변은 폐허 상태였고, 탑은 해체되어 잡초 속에 나뒹굴고 있었다. 정밀 조사 결과 재질은 현무암이고, 지대석, 기단석, 탑신석, 그리고 보주와 일체인 옥개석으로 이루어진 부도임이 밝혀졌다. 이름처럼 실제로 세존 사리가 봉안되었는지는 알 수 없지만 고려 공민왕 때 통도사 금강계단(戒壇) 사리 1과를 옮겨 조성한 보은 법주사의 세존사리탑을 떠올리게 하기에 충분하다.

존자암 터 출토 유물. 국립제주박물관 소장

세존사리탑 발견과 수습을 계기로 주변 지역에 대상으로 발굴 조사가 진행되었다. 조사 과정에서 조선 전기의 분청사기와 백자, 기와 조각과 다양한 무늬가 새겨진 수키와와 여러 편의 명문 기와가 수습되었고, 검토 결과 이곳이 존자암지임이 확인되었다.

중종 25년(1530)에 간행된 『신증동국여지승람』에서는, "존자암은 한라산 서쪽 기슭에 있는데, 동굴에 스님이 도를 닦는 모습과 같은 돌이 있어 세속에서 수행동이라 부른다"(제주목 불우조)라고 기록하고 있다. 조선 중기의 문신 김상헌(1570~1652)의 『남사록(南槎錄)』에는, "존자암에서 묵고 한라산을 오르는데 수행굴을 거쳐서 갔다. 고승이 수행하고 있고, 20여 명이 들어갈 만한 공간이 있다"라고 기록돼 있다. 1651년(효종 2)에 암행어사로 제주에 왔던 이경억(1620~1673)은 「존자암」 시에서 이렇게 읊었다. "존자암이 이름난 절로 알았더니 황량한 반 조각의 옛터일세/천 년 묵은 탑은 외

신화의 섬 제주문화 찾아가기

존자암지 세존사리탑

국성재

로이 서 있는데 방 하나는 두어 개 서까래만 남았다/해객(海客)이 지나가는 일 적으니 미개한 승은 예법도 소루하다/가을밤에 남극을 바라보니 속세의 걱정이 어느새 사라졌네." 이경억이 제주에 머물 당시의 존자암은 이미 폐허 상태였고, 세존사리탑만은 본래 모습을 유지하고 있었던 것으로 보인다.

1653년에 간행된 이원진의 『탐라지』에는, 처음 존자암이 있었던 곳은 영실이고, 후에 10리쯤 떨어진 대정지역으로 옮겼다고 기록돼 있다. 시대별 기록을 종합해볼 때 존자암은 조선 후기에 지금의 자리로 옮겨온 것으로 생각된다. 한편, 충암 김정(1486~1521)은 그가 쓴 「존자암 중수기」에서,

"존자암은 고·양·부 삼성이 처음 일어났을 때 비로소 세워졌다"라고 했다. 그러나 이것은 '오래된 사찰'을 문학적으로 표현한 것일 뿐이다.

현 존자암에는 일반 사찰에서 보기 어려운 전각이 하나 있으니, 국성재(國聖齋)가 그것이다. 『남사록』에서는 충암 김정의 「존자암기」를 인용하여, 존자암에서는 4월에 점을 쳐 좋은 날을 택해 삼읍의 수령 중 한 사람을 보내어 목욕재계하고 이 암자에서 국성재를 지냈는데 임진란으로 중단되었다고 기록하고 있다. 존자암은 제주 사찰 가운데 가장 오래된 사찰로, 제주 불교의 시원을 밝히는 데 중요한 사찰의 하나임은 분명하다.

탐라순력도

《탐라순력도(耽羅巡歷圖)》는 제주목사 이형상이 숙종 29년(1702)에 제주를 순회한 과정과 점검 내용을 기록한 화첩으로, 1979년 2월에 보물로 지정되었다. 화첩은 그림과 서문 등 모두 43면으로 엮어져 있으며, 각 면은 표제·그림·좌목(座目)의 세 부분으로 구성돼 있다. 18세기 초 제주도의 지방 행정·풍속·풍물뿐만 아니라 성곽·관아 등의 건축물의 구조까지 세밀하게 묘사돼 있고, 행사 개최의 연월일·참여 인원과 이름·봉진 진상품의 종류 및 수량이 자세히 기록돼 있어 정보가치가 매우 큰 역사 기록물로 평가받고 있다.

이형상은 이 화첩 서문에 제작 내력을 이렇게 적어놓았다. "한가한 날에 화공 김남길에게 40장의 그림을 그리게 하고 비단으로 장식하여 한 첩을 만들고는 '탐라순력도'라 이름했다(卽於暇日畵工金南吉爲四十圖 粧䌙爲一帖 謂之耽羅巡歷圖)." 좀처럼 보기 어려운 지방관의 순력 기록 화첩이 탄생하게 된 것은 대정 땅에 유배 온 전 이조참판 오시복(1637~1716)의 영향이 컸다. 이형상의 후손이 보관해오던 이 화첩을 1990년도 후반에 제주시가 사들여 현재 국립제주박물관에서 보관하고 있다.

이형상은 제주목사에 제수되어 숙종 28년(1702) 3월 7일에 사은숙배하고 3월 25일에 제주에 도착했다. 재임 기간 중 그는 제주 전역을 순력했다. 순력은 원래 관찰사의 권리이자 임무이지만, 전라도 관찰사가 때에 맞게 제주로 건너와 순력한다는 것은 사실상 어려운 일이기 때문에 제주 목사가 그 일을 대신한 것이다.《탐라순력도》내용 중에는 각 읍성과 진성의 조점(操點), 점부(點簿) 또는 활쏘기 훈련 장면과 같은 군사 업무와 관련된 사항이 많은데, 이것은 왜구를 비롯한 외적의 침입이 잦은 제주를 지키려는 조선 정부의 강한 의지가 반영된 것으로 보인다. 화첩에는 이 밖에도 여가 활동이나 사적(私的)으로 기념될 만한 일 등 공무와는 직접 관련이 없는 내용들도 포함돼 있는데, 〈건포배은〉·〈병담범주〉·〈호연금서〉·〈성산관일〉·〈산방배작〉과 같은 것이 이에 해당한다.

공무 현장의 생생한 기록

《탐라순력도》좌목에 기록된 날짜와 업무 내용을 보면 이형상이 부임 초에 한 일이 '공마봉진'과 '승보시사'였다. 〈공마봉진(貢馬封進)〉은 관덕정 앞마당에서 진상용 말을 점검한 내용을 기록한 것이다. 주무자인 차사원을 비롯하여 많은 인원이 점검에 집중하고 있는 모습과 이를 바라보는 이형상 목사의 모습이 묘사되어 있다. 좌목에 기록된 내용에 따르면, 이날 점검한 말의 종류는 어승마(임금이 타는 말)·연례마(정기적으로 진상하는 말)·차비마(差備馬, 예비용 말)·탄일마·동지마·정조마(정월 초하루에 진상하는 말)·세공마·흉구마(凶咎馬, 재난 시에 사용하는 말)·노마(駑馬, 둔하여 짐 싣는 말) 등으로, 전체 말의 수는 433두였다. 〈승보시사(陞補試士)〉는 제

주 관덕정 앞마당에서 열린 승보시를 보는 장면을 그린 것이다. 좌목에 12명이 참가하여 12명 전원이 답안지를 냈고, 시(詩)와 부(賦)에서 각각 1인을 선발했다는 내용이 기록되어 있다. 승보시는 한양의 사학(四學) 유생 중에서 15세가 되어 성적이 우수한 자를 시험하여 성균관에 거처하면서 공부할 수 있는 자격을 주는 제도이다. 〈우도점마(牛島點馬)〉는 이형상이 성산에서 해돋이 구경을 한 당일에 우도(牛島) 목장에서 말을 살피는 모습을 그렸다. 이때 판관과 정의현감이 배행했는데, 섬에서 말을 관리하는 목자(牧子)와 보인(保人)의 수는 23명, 말은 262필이었다. 〈교래대렵(橋來大獵)〉은 제주 중산간에 있는 교래(橋來) 지역에서 진상을 위해 산짐승과 날짐승을 사냥하는 장면을 묘사한 것이다. 말을 타고 사냥하는 마군(馬軍), 걸어서 짐승을 일정한 장소로 모는 보졸(步卒), 그리고 직접 사냥하는 포수(砲手)들의 모습이 보인다.

　〈산장구마(山場驅馬)〉는 산둔(山屯)에서 기르는 말들을 한 곳으로 몰아 그 수를 점검 · 확인하는 장면을 그린 것이다. 한라산 성판악 남쪽 지역을 세 구역으로 나눠 목책을 세우고 울타리를 둥글게 쳐놓은 원장(圓場)으로 말을 몰아, 좁고 뱀처럼 생긴 좁은 사장(蛇場)을 통과하게 하여 말

〈공마봉진〉〈승보시사〉
〈우도점마〉〈교래대렵〉

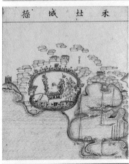

〈산장구마〉〈조천조점〉
〈화북성조〉〈별방시사〉

의 수를 세고 상태를 점검하는 흥미로운 방식을 보여준다. 점검 결과 말은 모두 2,375필이었다고 좌목에 기록돼 있다. 〈조천조점(朝天操點)〉은 화북진에서 조점을 행한 같은 날 또 다른 진(鎭)인 조천관에서 조점을 실시하고 인근 목장 두 곳의 말을 점검한 기록이다. 조천진은 화북진에서 동쪽 10리 떨어진 곳에 있는 진성이다. 조방장은 김삼중, 성정군(城丁軍, 성에 소속된 군사)은 423명이었고, 두 목장의 둔마(屯馬)는 505필, 목자와 보인은 87명이었다.

〈화북성조(禾北城操)〉는 화북진성에서 실시한 군사훈련 장면을 기록한 것이다. 화북진성은 외적의 침입을 막기 위해 1678년(숙종 4)에 축성한 방어성으로, 제주목 관아에서 동쪽으로 10리 떨어진 곳에 있다. 화북진의 성정군은 172명이고, 그들의 군기(軍器)와 집물을 점검했다고 좌목에 기록돼 있다. 〈별방시사(別防試射)〉는 별방소에서 활쏘기한 기록이다. 208명이 참여했으며, 활쏘기를 가르치는 교관인 교사장(敎射長)은 10명이었다고 좌목에 기록되어 있다.

〈수산성조(首山城操)〉는 제주 9진(鎭) 가운데 하나인 정의현의 수산소(首山所)에서 군사훈련을 한 뒤, 다음 날 정의현청에 도착하여 군사훈련하고 문묘를 방문하여 제기, 서책 등 제반 사항을

점검한 내용이다. 〈정의조점(旌義操點)〉은 정의현
의 민가 호수와 논밭의 면적, 생산량 등을 점검한
사실을 기록하고 있다.

〈서귀조점(西歸操點)〉과 〈현폭사후(懸瀑射帿)〉
는 서귀포진에서의 군사훈련을 겸한 점검한 일
과 천제연폭포에서 활쏘기한 내용을 기록하고
있다.

〈대정조점(大靜操點)〉은 대정현성의 성정군과
대정현의 제반 사항을 점검한 내용이다. 현감 외
에 성을 지키는 장수인 성장(城將)이 2인, 그 밑의
중간 지휘자인 치총(雉摠) 4인, 성정군은 224명이
라 했다. 이날 문묘와 제기, 제복, 서책도 점검했
다. 〈비양방록(飛揚放鹿)〉은 생포한 사슴을 비양
도에 방사한 사실을 기록하고 있다. 그림에는 제
주목 서면의 53개 마을 위치와 제주읍성의 서문
에서 명월진에서 이르는 지형과 포구 이름들이
상세하게 표시되어 있다.

〈대정양로(大靜養老)〉는 대정현에서 벌인 노인
잔치 광경을 그렸다. 구순(九旬)인 자가 1인, 팔순
이상인 사람이 11인이라고 좌목에 밝혀놓았다.
〈대정배전(大靜拜箋)〉의 '배전(拜箋)'은 나라에 길
흉사가 있을 때 지방관이 자신의 임지에서 왕에
게 전문(箋文)을 올려 하례의 뜻을 표하는 의식이
다. 1701년 인현왕후 민씨가 죽자, 숙종은 1702

〈수산성조〉 〈정의조점〉
〈서귀조점〉 〈현폭사후〉

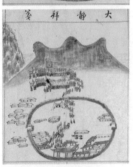

〈대정조점〉 〈비양방록〉
〈대정양로〉 〈대정배전〉

년에 16세의 인원왕후 김씨를 세 번째 왕비로 맞아들였다. 뒤늦게 이 소식을 접한 이형상이 대정현에서 배전 의례를 행한 기록이다.

〈차귀점부(遮歸點簿)〉는 대정에서 서쪽으로 27리에 있던 진(鎭), 즉 차귀소(遮歸所)의 군관을 통해 대리 점검한 사실을 기록한 것이다. 〈명월조점(明月操點)〉은 제주 서부지역을 대표하는 요충지인 명월진(明月鎭)을 점검한 내용이다. 성정군이 412명이나 되었고, 진에 속한 목자와 보인이 185명, 말이 1,064필이었다. 다음 날 가진 시사(試射) 내용을 묘사한 것이 〈명월시사(明月試射)〉이다. 명월진성에서 활쏘기 훈련 상황을 점검하는 장면을 그렸다. 궁술 교관과 활을 쏘기 위해 사정(射亭)에 들어간 사람들의 숫자를 좌목에 기록했다.

〈모슬점부(摹瑟點簿)〉는 모슬진(摹瑟鎭)에 직접 방문하지 않고 군관을 대리로 보내 점검하게 하고 차후에 문서로 확인한 것을 기록한 것으로 보인다. 모슬소(摹瑟所)는 제주 9진 가운데 하나로 대정에서 서남쪽으로 10리에 있다. 진을 지키는 군사는 기병, 보병을 합해 24명이다.

〈애월조점(涯月操點)〉은 애월진의 군사와 말을 점검한 그림이다. 〈제주조점(濟州操點)〉은 당시에 점검 확인한 제주읍의 민호(民戶)가 7,319호였고,

전답은 3,357결이었음을 기록하고 있다.

〈제주사회(濟州射會)〉는 이튿날 이곳에서 열린 활쏘기 대회라 할 사회(射會) 모습을 그렸다. 좌목에 기마부대의 지휘관, 3품 무관, 주장(主將)을 도와 적의 침입을 방어한 종9품 관직, 성의 장수, 교련관, 군기(軍旗)에 관한 일을 맡아보던 군관, 각 면의 훈장, 교련관 등 직명을 나열하고 각각의 인원을 밝히고 있다. 〈제주전최(濟州殿最)〉는 제주 관리들의 근무 고과(考課)를 매기는 장면을 그린 것이다. 근무 평가에서 최하등급을 전(殿)이라하고, 최상급을 최(最)라 하였다. 조선시대에는 도(道)의 관찰사가 매년 6월 15일과 12월 15일에 두 번 소속된 지방 관원의 고과를 하여 왕에게 보고하게 되어 있었다. 전최에서 열 번 최상급의 고과를 받으면 품계를 한 계(階) 승급시켜주고, 두번 중(中)을 받으면 녹봉 없는 무록관(無祿官)으로 좌천시켰으며, 세 번 중을 받으면 파직시켰다.

〈건포배은(巾浦拜恩)〉은 제주의 목민관이자 유학자인 이형상의 정치관을 여실히 보여주는 그림이다. 그는 재임 중 신당 129곳과 사찰 5곳을 훼철하였고, 무당 285명을 귀농시켰다. 무당과 그 무리가 백성들을 기만하여 수탈한다는 이유에서였다. 다른 한편으로는 백성을 유교적으로 교화하는 데 힘을 쏟는 한편으로 열악한 제주민

〈차귀점부〉〈명월조점〉
〈모슬점부〉〈명월시사〉

〈애월조점〉 〈제주조점〉
〈제주사회〉 〈제주전최〉

의 생활 개선을 위한 노력도 계속했다. 자신의 의지를 지지해준 왕(숙종)의 은혜에 보답하는 뜻으로 신당을 불태우고 관리들과 함께 건입포에서 북향재배하는 모습을 기록한 것이다. 〈제주양로(濟州養老)〉는 제주목관아 경내에 있는 망경루 앞에서 벌인 양로연을 기록한 것이다. 100세 이상의 노인이 3인, 90세 이상 23인, 80세 이상이 183인이라고 기록돼 있다.

〈별방조점(別防操點)〉은 조선시대 제주 동부지역 최대 군사기지인 별방진을 점검한 기록이다. 별방진 수비대장은 김여강이었고, 성정군 423명이 성을 지키고 있었다. 성 위에 있는 목장에는 흑우 247마리, 말 946마리가 사육되고 있었고, 마소를 관리하는 목자와 보인은 187명이 있었다. 그리고 차고에는 군량미 2,860섬이 보관돼 있었다. 〈대정강사(大靜講射)〉는 12월 12일에 유학을 공부하는 유생에게 활쏘기를 독려하는 행사 장면을 묘사한 것이다. 우두머리 훈장 전 현감 문영후, 각 면의 훈장, 각 면의 교사장(敎射長), 유학을 공부하는 사람, 활을 쏘기 위해 사정(射亭)에 들어간 인원수가 기록돼 있다. 공마와 함께 제주목사 처지에서 무척 신경 쓰이는 일 중 하나는 제주 특산인 감귤을 제때에 봉진하는 일이다. 감귤은 9월에서 12월 사이에 생산되기 때문에 말과 같은

신화의 섬 제주문화 찾아가기

시기에 진상 준비를 하지는 않지만 〈감귤봉진〉
좌목을 보면 그 양이 엄청난 것을 알 수 있다.

공무 중 즐기는 여유

〈성산관일(城山觀日)〉은 성산(城山) 일출봉에서
해돋이를 감상한 기록이다. 판관과 정의현감과
함께 김진기, 도한필 2명의 군관이 배행했다고
했다. 〈산방배작(山房盃酌)〉은 대정 동쪽 10리에
있는 산방산 산방굴에서 일행과 술잔을 기울이
면서 잠시 쉬는 모습이다. 그가 남긴 「망산방(望
山房)」이란 시가 남아 있다. 〈병담범주(屏潭泛舟)〉
는 취병담(翠屏潭)에서 뱃놀이한 기록이다. 취병
담은 제주성 서문 밖 3리쯤에 있는 한천(漢川) 하
류 지역의 용연을 가리킨다. 못의 양쪽 언덕을
두른 높이 7~8미터의 석벽이 물의 푸른빛을 받
아 비췻빛을 띤다고 하여 붙여진 이름이다. 보름
달 뜨는 날 취병담에서의 뱃놀이는 옛 제주도인
들의 으뜸가는 풍류였다. 〈김녕관굴(金寧觀窟)〉은
용암동굴인 김녕굴을 탐방한 기록이다. 이 밖에
《탐라순력도》에는 순력길에 정방폭포에 들러 정
방연에서 뱃놀이하는 장면을 그린 〈정방탐승(正
方探勝)〉, 대정현에 있는 고득종(高得宗)의 별장
고둔과원(羔屯果園)의 경치를 즐기는 장면을 그린
〈고원방고(羔園訪古)〉 등이 포함돼 있다.

〈건포배은〉〈제주양로〉
〈별방조정〉〈대정강사〉

〈감귤봉진〉〈성산관일〉
〈산방배작〉〈병담범주〉

파직당하고 제주를 떠나면서

이 화첩의 마지막 장면이 〈호연금서(浩然琴書)〉
다. 서두에서 언급한 바와 같이 이 화첩 서문에서
는 그림이 40도(圖)라고 밝혔는데, 이 숫자는 〈호
연금서〉와 첫 장의 〈한라장촉〉(제주도 지도)가 포
함되지 않은 숫자다. 그러므로 〈호연금서〉는 순
력이라는 공식적 업무와는 상관이 없는 그림이라
할 수 있다. 그림에 좌목이 없는 것도 이 점을 더
욱 분명히 해주는 요소다.

글머리에서 말한 바 있지만《탐라순력도》의 탄
생 뒤에는 오시복(1637~1716)이라는 인물이 있었
다. 그는 이형상의 업무 실적과 제주 생활에서 기
념할 만한 일들을 그림으로 그려 기록으로 남기
기를 적극 권유했다. 『병와집』(이형상의 문집)에서
는 화첩 서문을 쓴 사람이 오씨 노인이라고 밝히
고 있다. 오씨 노인, 즉 오시복은 이형상의 부탁
으로 화첩 서문을 쓰고 글쓴이를 오씨 노인이라
고만 적은 것이다. 이처럼 두 사람이 오시복이라
는 이름 석 자를 떳떳하게 드러내놓지 못했던 것
은 당시 오시복은 제주 대정에서 유배 생활을 하
는 죄인이었고 이형상은 그를 관리해야 하는 처
지에 있었기 때문이다.

후에 양자 간의 깊은 교유관계가 조정에 알려
져 이형상은 파직당하고 본의 아니게 제주를 떠

나게 된다. 이때 제주에 남은 오시복이 거문고를
이형상에게 선물한다. 〈호연금서〉라는 제목이 이
와 관련 있을 것이 분명하다.

〈김녕관굴〉〈호연금서〉

제주
즐기기

독특한 음식문화의 향연

제주시의 맛집들

바다 내음 가득 보말성게국

'고르멍드르멍' 식당은 보말과 성게로 끓인 미역국이 주메뉴다. 보통 성게알미역국을 끓이고 보말은 칼국수로 따로 끓여내는데 여기에서는 두 가지 재료를 합친 음식을 내고 있다. 성게알과 보말을 함께 즐길 수 있다.

간단한 상차림이지만 제대로 된 제주 음식이라는 것을 한눈에 알 수 있다. 성의로 차린 맛있는 음식, 제주 토속적 음식에서 제주 사람향이 진하게 느껴진다.

보말성게국에서는 보말보다 성게맛이 더 강하게 느껴진다. 성게가 보말과 어우러지고 또 미역과 얽혀서 국물에 깊은 바다 내음 담긴 선미(鮮味)가 가득

고르멍드르멍 064-742-4639
제주시 용마서길 30
주요음식 : 보말성게국, 보말칼국수, 몸국, 고기
국수, 좁짝뼈, 보말죽, 깅이죽 등등

하다. 뭍에서는 상상할 수 없는 바다 맛이 혀에 남는다. 적당히 끓여 부드러운 미역 식감에 성게와 보말 맛이 잔뜩 밴 국물 맛이 혀에 감긴다.

곁반찬은 묵은지, 콩자반, 고사리무침, 호박무침 등. 이 중 콩자반은 압권이다. 볶아서 졸인 콩에 작은 게 '깅이'가 들어 있다. 부드럽고 고소한 콩에 알알이 스민 맛이 알차다. 제주 어디서나 많이 나는 메주콩은 어디서나 밑반찬으로 먹는 제주다운 밑반찬이다. 게는 껍질째 씹히면서 콩과 어우러져 새로운 식재료의 조합을 즐기게 해준다.

묵은지 맛도 특별하다. 뭍 배추에 뒤지지 않는 싱그런 맛이다. 호박도 생선과 함께 무쳐 제주 맛을 냈다. 제주도 특산 고사리를 먹을 수 있는 것도 좋다. 밥상이 온통 제주 색깔이다.

'보말'은 육지에서는 만나기 어려운 해물이다. '고둥'의 제주말이라고 하지만, 뭍에서 만난 기억은 별로 없다. 보말은 봄과 장마철에 제맛이 난단다. 양식이 없고 자연산이 대부분이라 바다 향을 더 강하게 품고 있다. 육지 손님들이 하도 물어서 주인 아주머니는 먹고 난 보말 껍데기를 식당 앞에 쌓아놓고 보여준다. 보말성게국은 보말과 성게를 한꺼번에 즐기게 해주려는 배려에서 만든 음식이다. 요리사는 제주 문화 전도사다.

이외에도 몸국, 보말죽, 깅이죽, 좁짝뼈 등 이름만 봐도 회가 동하는 토속 음식들을 한다. 몸국은 모자반국, 깅이죽은 작은 게죽, 좁짝뼈는 돼지갈비다. 외국에 가야만 특별한 음식을 먹을 수 있는 것이 아니다. 내 나라 안에서도 이렇게 다양한 식재료를 접할 수 있다. 제주도는 해외 못지않은 새로운 음식 체험이 가능한 동네다.

얼마 전 상해 여행에서는 북경 훈둔과 상해 훈둔의 차이를 체험했다. 북경 훈둔은 만두처럼 빚어 넣는 건더기의 피가 흐물흐물하게 건새우 국물에 녹아드는데, 상해 훈둔은 물만두가 또글또글하게 맑은 국물에 그대로 나와 우리 만두국 같다. 북경은 국물 위주, 상해는 건더기 위주의 훈둔인 것이다.

상해 음식은 북경보다 달고, 싱겁고 양이 적다. 추운 날씨와 정치 중심지의 긴장 속에서 음식도 빨리 먹어야 되는 북경과 더운 날씨에 경제 중심지의 여유로움이 천천히 먹으며 즐기려는 상해의 차이가 음식의 차이에서도 나타난다.

지역에 따라 달라지는 음식은 여행에서 놓칠 수 없는 묘미이다. 음식이야말로 일상 생활문화의 결정으로, 이보다 용이하게 지역 문화 핵심에 다가갈 수 있는 통로는 없다. 한복과 한옥이 일상에서 사라지고 한식만 남은 우리 일상문화에서는 더욱 그렇다.

제주도 여행은 외국 여행에 비해 노고는 절반, 보람은 갑절이다. 아름다운 풍광에 육지와 다른 역사 문화적 특성을 담고서 편안하면서도 이색적인 음식문화를 보여주니 말이다. 한국의 편안함과 외국의 색다른 맛이 여행의 만족도를 끌어올린다.

식당 이름 '고르멍드르멍'은 '말하며 들으며'라는 제주말이다. 제주도는 조선조에 200년 출륙금지의 간고한 시대를 지나왔다. 중산간 지역의 할머니들 태반은 평생 그 지역을 떠나본 적이 없다고 한다. 이동의 제한은 역설적으로 문화 보존의 성과를 남겼다. 제주방언은 제주무가와 같이 그 고난의 보상인 거 같다. 제주말에 제주음식에 여행객도 딴 세상을 만나 여행의 목적을 제대로 이룬다.

식당 옆은 비행장이어서 1층 높이로 낮게 뜬 비행기를 실컷 볼 수 있다. 비행기의 아랫배가 손에 닿는 거 같아 종이비행기보다 더 빨리 동심으로 이동시킨다. 게다가 식당에서 조금 걸어가면 용두암이다. 자연과 문명의 마술과 동시에 전통음식 향토미를 향유하는 행운을 누릴 수 있다.

제주 대표 토속음식, 몸국

몸국과 제주식 물회를 먹어보면 굉장한 음식인 줄 누구라도 한입에 알 것 같다. 식재료와 요리법의 전통성과 지역성에 손맛이 더해지니 산해진미가 따로 없다. 정체성은 조금 헷갈린다. 술안주인지, 식사인지, 주식인지, 부식인지. 메밀가루를 넣은 걸죽한 국물은 한 그릇으로도 온전한 끼니가 된다고 말해주는 거 같다.

신설오름몸국집은 손님으로 자욱하다. 밥상이며 손님 품새가 제주민에게 얼마나 신뢰받고 있는 식당인지 한눈에 보여준다. 상에 오른 몸국에서 토속의 냄새가 훅, 끼친다. 한술 뜨니 역시 환상의 깊은 맛, 얼마나 대단한 맛인지 외지인도 한입만에 알겠다.

몸국은 모자반으로 끓이는 제주의 대표적인 토종음식이다. 잔칫상에 빠지지 않았던 음식인지라, 제주 사람들이 외지에 나가거나, 어린 시절의 추억에 빠져들 때면 가장 많이 생각하는 고향의 음식 중 하나다.

모자반을 제주에서는 '몸'이라 하므로 몸국이다. 톳과 비슷하게 생긴 모자반은 우리나라에 28종이 자생한다. 제주말로 '고재기', '갑실몸', '노랑몸' 등의 모자반은 부러 채취하여 거름으로 쓴다. 식용 모자반은 '참몸'이다.

몸국은 참몸을 돼지육수에 끓여 메밀가루를 넣어 되직하게 끓여 내므로 국물에서 돼지뼈가 심심찮게 발견된다. 국물이 부드럽고 제법 씹히는 맛이 있

신설오름몸국집 064-758-0143
제주시 고마로 17길 2(일도2동)
주요음식 : 물회, 몸국

다. 함께 나오는 젓갈을 곁들이면 맛을 더 진하게, 더 개운하게 즐길 수 있다.

음식 모양새는 죽인가 하기에는 너무 묽고, 국인가 하기에는 너무 걸쭉하다. 단품요리 삼아 한 끼 해결하기에는 탄수화물 부족이 섭섭하다. 걸쭉하니 죽 같은 느낌이라 부드럽게 먹을 수 있어 좋다. 밥을 말면 한끼 음식이 될까?

전복물회는 고춧가루를 풀어 약간 매콤하고, 간도 적당하다. 재미있는 것은 된장도 들어갔다는 것. 덕분에 신맛도 단맛도 약화시키고 비린내를 잡아 부드러운 느낌을 준다. 신맛 단맛에 된장을 첨가하는 것은 뭍과 다른 제주도식 조리법이다.

제주도 토속음식 청각회처럼 된장과 식초가 함께 들어가는, 통념을 깨는 양념의 조합이 예상을 넘어 조화로운 맛을 낸다. 양념의 조합에 따라 얼마나 다른 음식이 되는지, 음식의 변주를 체험한다.

물회는 잘게 썬 해산물에 여러 채소를 곁들여 찬 물을 부어 먹는 전통적인 회 요리다. 여기 전복물회는 주인공 전복 약간에 미역, 오이, 양파, 부추 등 많은 부재료가 들어가고 새콤달콤매콤 국물이 건더기보다 호복하다. 냉면을 말면 딱 좋겠다는 아쉬움을 국물 맛의 깊이로 달랜다.

결국 따로 주문한 밥에 고등어구이를 곁들였는데, 이건 노르웨이산이다. 제주도도 어쩔 수 없이 노르웨이산이니, 대세가 달라졌음을 인정해야 한다. 기름이 좌르르, 연탄불에 구워 내온 생선에서는 유럽 냄새가 안 난다. 회가 동하며 입맛이 인다.

살짝 익은 김치는 젓갈 맛이 약해서 담백하고 개운하게 여겨진다. 제주 특색이 느껴진다. 콩나물은 맨으로 나왔는데 간이 세서인지 시원한 맛이 난다. 몸국에 넣어먹으면 좋을 듯하다.

몸국이나 물회나 구황식품이 일상적 토속음식이 된 사례다. 제주도 여행은 물회나 몸국 등 토속음식을 먹어야 완성된다. 제주 사람의 음식을 넘어 여행자의 음식이 되었고, 이제는 뭍으로 진출할 태세다.

세상에 유행하는 음식의 대부분은 서민음식이다. 재료가 비싸거나 희귀하거나 요리 방법이 너무 복잡하거나 상차림이 까다로우면 대중화가 어렵다. 제주의 서민음식이 어떻게 대중화되고 자라나는지 그 현장을 만난다. 한국음식이 풍성해지는 저류를 접하는 느낌이다.

기다릴 가치가 있는 한끼

맛있는 음식을 먹으려면 제주에서도 기다려야 한다. 옹기밥상 앞에서 줄서서 30분 기다렸다. 3박 4일 짧은 관광이면 불가능한 식사다. 과연 기다릴 만한 식사다. 어떤 찬이든 제맛을 낸다. 음식 전체를 덮고 있는 제주도 내음새에 식사가 더욱 만족스럽다.

기본찬 외에 대표음식은 돔튀김, 흑돼지수육, 갑오징어볶음 등이다. 솜씨가 중요한 건 갑오징어 요리, 윤이 반지르하게 도는 갑오징어가 입맛을 돋군다. 지나치게 맵지도 짜지도 않고 양배추, 파 등 채소 부재가 적절하고, 두터운 오징어 육질에 식감도 좋다. 속살까지 맛이 고르게 파고들어 정성과 솜씨가 밴 음식임이 느껴진다.

옥돔튀김. 겉이 바삭하고 안은 부드럽게 튀겨졌다. 간도 적당하다. 보통 구이로 나오는데 여기서는 튀김이다. 그것도 주연이 아닌 보조음식으로 나와 화려한 제주도 음식 퍼레이드를 벌인다.

옹기밥상 064-711-6991
제주시 미리내길 171-4(노형동 318-54)
주요음식 : 한식(옹기정식)

돼지고기 수육은 쫄깃하고 잡내 없어 좋다. 숙주나물. 고소하고 통통한 줄기가 모양새도 보기 좋다. 김치도 사근거리며 좋다. 갈치속젓, 은갈치 고장답게 가장 흔하게 나오는 젓갈이다. 칼칼하지 않고, 육지 것과 달리 맛이 좀 부드럽고 약하다.

무말랭이와 마늘쫑 장아찌, 이런 조합은 육지에서 만나기 힘들다. 제주 무와 제주 마늘, 제주에서 많이 생산하고 맛도 좋은 것들이 기본찬을 이루어 제주도 보통 밥상을 보여준다.

제주 밥상에 빠지지 않는 잔멸치볶음, 크기가 막 씹어 먹기에 딱 좋다. 짜지 않고, 적당히 부드러워 씹기에 좋고 신선한 맛에 풍미도 좋다. 제주의 추자도는 멸치 생산으로 유명하다. 추자 액젓은 전국에서 인기가 높다. 제주 인근에는 멸치가 흔하다. 제주 멜젓도 함께 이름이 높다.

메주콩조림. 이것도 어디서나 기본찬으로 등장한다. 뭍에서 콩조림에 주로 서리태를 쓰는 것과 다르다. 제주도는 콩 생산이 많아 된장이 양념의 주종을 이룬다. 물회에도 들어가고, 청각 회무침에도 들어간다. 부재로만 쓰이는 것이 아니라 이처럼 주재료로도 쓰인다. 달지 않고 딱딱하지 않고 짜지 않고 고소하다.

된장국. 일본 미소시루 같다. 미역을 넣은 것도 비슷하다. 제주도는 일본과 인적 교류가 매우 많았다. 해녀도 일본으로 원정 물질을 갔다. 그래선지 맛이 심심하다. 소금이 부족한 지역에서 담그는 제주 된장의 특성으로 보인다. 가벼운 맛을 원하는 경우에는 만족스럽게 먹을 수 있다.

밥이 아주 좋다. 제주는 벼농사가 적은 곳이어서 예전에는 쌀 구하기가 쉽지 않았다. 지금도 쌀은 대부분 육지에서 가져온다. 요즘 육지는 돌솥밥의 시대다. 집에서는 압력솥밥 먹다가 식당에 오면 고슬고슬 밥다운 밥을 만난다. 여기서도 그렇다. 육지와 시차 없이 음식문화를 공유하는 것이 밥에서 보인다.

식당이 한적한 교외, 미술관 근처에 있다. 식사 후에는 제주미술관 구경이 아주 좋다. 외관도 멋있고, 전시품도 좋다. 현재는 장리석의 그림이 전시되고, 말 주제의 다른 화가 그림이 함께 전시되고 있다. 말은 제주도 문화다. 그림을 통해 지역문화, 지역화가를 만나는 여행을 할 수 있다. 변시지 그림까지 만나니 여행이 화려해진다.

제주시민의 그림 전시도 같이 한다. 일본에서는 유명 미술관에서도 지역화가나 그림 전시가 자주 있는데, 한국에서는 만나기 힘들다. 제주도의 이런 전시는 제주 문화와 그림을 알리는 데 아주 좋은 성과를 얻을 수 있을 거 같다. 제주 음식을 먹고 제주 그림을 만나니 깊이 있는 문화 여행이 된다.

미술관 근처에는 어느 나라든지 우아한 음식점이 있다. 미술관 내의 식당도 관람객들을 위해 음식이 싸고 맛있는 경우가 많다. 핀란드 헬싱키 미술관의 식당을 잊을 수 없다. 핀란드는 음식이 참 별 볼일 없는 나라인데, 미술관의 음식은 환상적으로 좋았다. 교외 한적한 미술관의 식당까지도 좋았다. 값도 싸면서 말이다. 루브르 박물관도 식사가 싸고 좋다. 동경 미술관 식당은 서양 레스토랑인데, 맛은 떨어졌지만 우아한 부인들의 집합소라 분위기가 좋았다.

한국은 중앙박물관 식당이 괜찮다. 그러나 다른 미술관이나 박물관의 식당은 한식 홍보 기회로 삼을 생각을 안 하는 거 같다. 과천 미술관에는 레스토랑이 들어가 있다. 미술관 식당을 보면 음식과 미술 관람의 거리에 대한 인식이 보인다.

제주도 미술관에는 구내식당이 없다. 대신 근처에 좋은 식당이 참 많다. 우아하고 비싼 곳에서부터 토속적이고 저렴한 음식까지, 선택의 폭도 다양하다. 구내식당 부재 문제를 주변 식당이 대신 해결해주고 있다. 이 식당도 톡톡하게 한몫을 한다. 덕분에 미술관 관람객뿐 아니라 제주시민의 식당이 되었으니 30분 줄 서는 것 정도는 감수할 일이다.

대중화된 고기국수

돔베고기와 고기국수를 주문했더니 돼지 수육이 겹치기 출연을 했다. 돔베고기는 도마에서 썰어 그대로 내오는 돼지고기 수육을 말한다. '돔베'는 '도마'의 제주 방언이다. 여기서는 도마이면서 접시가 된다. 담는 용기를 요리 이름으로 쓰는 것은 도마의 쓰임에 특별한 의미가 있다는 거다.

주로 제주도 흑돼지를 삶아 '돔베'에 내는 향토음식 돔베고기는 새우젓이 아닌 소금, 간장, 다른 젓갈 등으로 간을 맞춰 먹는다. 고기는 쫄깃거리고 잡내도 없어 좋으나, 너무 거칠게 썰어 내와 한 입에 먹기는 조금 부담스럽다.

제주 음식은 대체로 빨리 만들고 빨리 먹는 간단음식이다. 일과 음식을 같이 해야 되는 바쁜 제주 여성이 식재료도 충분치 않은 상황에서 조리도 식사도 빨리 해내야 했기 때문이다. 그래서 돔베째 내는데 곱게 썰어 내라는 요구는 무리일 것이다. 칼질 하나에도 지역 문화가 배어 있다. 재료 또한 최소한만 가공하게 되는데, 요즘은 이게 자연식이라고 각광을 받고 있다.

고기국수는 삼대국수회관의 얼굴이자 제주 보편 음식이다. 뽀얀 돼지뼈 국물에 나온다. 고명은 파총과 당근볶음, 계란말이채, 삼원색의 색상이 화려하다. 뼈 국물에 돼지고기 수육을 얹은 국수가 외지인에게는 익숙하지 않을 수도 있다. 국물에 다대기, 즉 다진 양념을 풀면 좀 개운해진다. 빨간 양념, 즉 고춧가루 사용은 뭍의 방식을 도입한 것이다.

삼대국수회관 064-759-6645
제주시 삼성로 41(일도 2동)
주요음식 : 국수

비빔국수 고명은 고기와 오이와 콩나물로 간단하다. 콩나물 고명에서는 전라도 영향이 읽힌다. 양념이 맵지 않고 살짝 달근한 맛이어서 입맛이 동한다. 국수발은 굵은 편이다. 쫄깃거리지는 않지만 퍼지지도 않아 먹기에는 부담이 없다.

제일 맘에 들었던 것이 비빔국수와 나오는 국물. 유부와 파총을 띄운 국물 맛이 알차다. 개운하고 깊은 맛이 인상적이다. 긴요한 밑반찬만 나온다. 직접 더 갖다 먹을 수 있다. 김양념통도 마련되어 있다.

마늘장아찌가 싱싱하고 상큼하다. 마늘의 산지, 제주답다. 마늘이나 마늘대 장아찌가 많이 나오는 제주밥상, 고사리, 멸치, 무청만큼 제주 분위기를 많이 낸다.

고기국수의 내력과 국수문화거리

식당 근처에는 국수문화의 거리가 조성되어 있다. 담양 영산강 진우네집국수 근처에 길게 늘어선 국수거리와 흡사하다. 하나의 식당이 음식문화를 만들어내는 것이다.

국수를 먹고 나면 허해지는 느낌과 영양소 편중 우려를 갖게 되는데, 이를 바로잡기 위해 계란 당근 등의 고명에 돼지수육이 얹어지며 고기국수가 만들어졌다. 충주에서는 메밀국수와 프라이드 치킨을 결합한 음식이 한참 유행이다. 진우네집국수는 삶은 계란과 결합시킨다. 탄수화물 일색을 탈피하려는 이곳의 선도적인 노력이 호응을 얻은 셈이다.

100년이 채 되지 않은 고기국수, 이제는 제주의 명물이 되었고, 제주 문화 상품이 되었다. 거기에 국수거리의 이 삼대국수회관이 크게 한몫하고 있다. 이외에도 삼대전통고기국수, 골막식당, 올래국수 등등이 고기국수로 널리 알려져 있다.

오키나와 소바와 제주 고기국수

오키나와 소바와 제주 고기국수는 매우 비슷한 음식으로 알려져 있다. 2018년에는 제주관광공사가 주최한 '세상에서 가장 아름다운 섬 이야기' 행사에서 두 요리의 요리 시연이 벌어졌을 정도다. 제주는 일본과의 교류가 가장 많은 곳이라 제주대학교 박물관 안에 재일교포 관련 자료 전시를 따로 하고 있을 정도이다. 사람의 교류는 음식에서 가장 확연히 드러난다. 두 요리는 교류와 그로 인한 음식문화 유사성을 보여주는 구체적인 사례이다.

오키나와 소바는 메밀국수가 아니라 밀가루 국수이며 돼지뼈 국물에 간장맛이 든 돼지수육이나 족발을 얹어 낸다. 재미있는 것은 오키나와와 제주도가 똑같이 장수마을로 유명한데, 둘 다 돼지고기를 많이 먹으며 삶아서 먹는다는 것이다. 고기를 삶으면 포화지방이 줄어 건강식이 된다.

탐라국이야 오래전에 육지와 병합되었지만, 오키나와의 전신 유구국은 1800년대에 일본에 복속되고, 1950년대는 미군정에 의해 일본으로부터 독립성을 한동안 유지한 내력이 있다. 조선의 문화를 흠모하고 임진왜란에 참전하지 않은 유구의 한국 우호적 성향에 본토와의 관계에 있어서 제주와의 유사성이 음식의 유사성에서도 읽힌다면 무리한 해석일까. 음식에는 보는 것 이상의 많은 이야기가 담겨 있음은 사실이다.

제주의 자랑 자연산 참돔회

화북황금수산은 직접 자연산 생선을 잡아와 회를 떠주는 집이라 사전예약이 필요하다. 화북포구 골목의 허름한 집이나 알 만한 사람은 다 아는 집이다. 돔회와 우럭튀김과 매운탕의 코스를 주문했다. 번행초의 발견은 최대의 개평 성과다. 매운탕은 재료를 넘은 손맛을 제대로 보여준다.

제주의 자랑 자연산 참돔회를 맛본다. 탱탱하고 잘깃한 식감에 혀에 녹는

화북황금수산 064-725-3660
제주시 금산5길 13(화북1동)
주요음식 : 자연산 활어회

듯한 느낌, 자연산의 기운인가 보다. 우럭튀김은 전체적으로 바삭하게 튀겼다. 사각거리는 껍질과 부드러운 살맛이 좋다. 크지 않아 뼈째 먹을 수 있는 것도 강점이다. 참게조림, 생강초절임도 일품이다.

그래도 최고는 회보다도 매운탕인 듯. 수제비 매운탕이 걸쭉하지 않고 국물도 시원하고 맑게 끓여져 좋다. 국물의 깊은 맛은 생선의 신선도와 비례한다. 생선 요리는 어쩌면 회가 아닌 탕이 주인공인지도 모른다. 온갖 맛이 어우러져 회보다 한 차원 높은 맛을 내니 말이다. 수제비는 쫄깃한 식감과 풍부한 국물 맛을 머금어 일품이다. 밥 대신으로도 만족스럽다.

주요리도 좋았지만, 간결하면서도 긴요한 곁반찬에 묻어 들어온 번행초를 더 잊을 수 없다. 방풍나물을 장식용 야채로 하여 주요리를 내왔는데, 사실 번행초는 방풍나물 자생지 곁 두둑에 조연으로 자라는 약초다. 제철을 조금 넘겨 이제 찾기 힘들다는 번행초가 선명한 녹색으로 방풍나물을 넘어 생선회마저 압도하며 밥상을 화려하게 장식했다.

잎사귀가 도톰하여 데쳐도 모양새가 그대로다. 데쳐서만 내온 번행초를 겨자장에 찍으니 잘 어울린다. 초장을 찍어 생선회와 함께하는 것도 좋았다. 사실 번행초는 제주에서는 흔한 나물이라 나중 서귀포에서 나물로 다시 만났다. 식약동원에 적절한 식재료라 청정지역 제주에 잘 어울린다.

번행초

번행초(蕃杏草)는 갯상추, 즉 '바다의 상추'라고 한다. 나물보다 위장에 좋은 치료 약초로 알려져 있다. 남부 해안과 이곳 조도, 제주도 등에서 많이 자란다. 바닷가 모래땅에서 잘 자라 주로 방풍나물과 함께 자라는데, 인공재배를 하기도 한다.

생즙으로도 먹고, 말려서 차로 마시기도 한다. 연한 잎은 생으로 샐러드나 겉절이로 먹기도 하고 비빔밥이나 쌈밥에 넣어서도 먹는다. 데쳐서 나물로 무쳐 먹기도 하고, 된장국을 끓이기도 하고, 김치나 장아찌를 담그기도 한다.

맛은 자극적이지 않고 식감이 아삭거리면서 실하다. 애초 약용으로 쓰이다가 식재료로 쓰임이 확장된 것으로 보인다. 제주음식의 다양화를 보여주는 식품이다. 번식력도 강하다니 적극적 재배를 통해 시금치처럼 보편적인 반찬으로 확장되면 좋겠다.

화북포구

식당은 화북포구(禾北浦口)에 위치해 있다. 화북포구는 조천포구와 함께 조선조 제주의 2대 관문으로 목사도 유배인들도 이곳으로 들어왔다. 추사 김정희, 우암 송시열, 면암 최익현 등등 대부분의 유배인들이 이곳으로 들어왔지만, 강화도에서 제주도로 이배된 광해군은 비밀리에 이동시키느라고 그런 듯 큰 포구를 이용하지 못하고 어등포로 들어왔다. 광해군은 죽어서야 이곳 화북포구를 통해 경기도 남양주로 이송되었다.

화북포구로는 전라도에서 출발한 다량의 구휼미도 들어왔다. 『조선왕조실록』 정조 17년 2월 14일조에는 구휼미로 피모(겉보리) 4,146섬과 백미 50섬이 함평에서 이곳으로 들어왔다는 기록이 있다. 내륙의 구휼을 받는 섬에서 이제는 외화 수입의 주역으로 떠올랐으니 역사는 돌고 돈다.

안전한 항해를 돕는 해신을 위한 해신사도 이곳에 있어, 2022년부터 이곳에서 화북포구문화축제가 열리고 있다. 역사의 현장에서 식사를 하니 그 현장감이 나그네도 제주 사람으로 만드는 거 같다. 역사의 현장에서도 제주의 일상은 지속되어 새로운 역사를 만든다.

푸짐한 갈치조림

'유리네식당'은 놀라운 것이 많은 식당이다. 우선 갈치조림이 제주 토속식당의 맛을 제대로 살린 것이 놀랍다. 음식보다 더 놀라운 것은 사람들이 어마어마하게 많이 다녀가고, 그리고 어마어마하게 많은 증거자료를 남겨놨다는 것이다. 그것들이 식당의 벽지가 되고 장식이 되고 홍보판이 되었다. 식당에 남기는 손님 흔적 문화 연구가 시작되어야 할 거 같다.

제주 대표 생선 은갈치를 제대로 먹어볼 수 있다. 은분이 한 점도 훼손되지 않고, 보석같이 아름답고 탐스러운 육질이 입에서 녹도록 조리되었다. 자리돔, 젓갈, 된장음식 등 맛있는 제주음식도 여러 가지로 맛볼 수 있다. 된장국도 남다르다. 여행객의 행운이다.

갈치조림, 오늘의 주인공이자 이 식당의 간판음식이다. 갈치가 크고 싱싱하다. 은분의 원형을 고스란히 간직한 전형적인 은갈치다. 회로도 먹을 수 있을 거 같다. 육질이 탱탱하고 부드러우면서 고소하다. 살이 많아 가시 고

유리네식당 064-748-0890
제주시 연북로 146(연동 427-1)
주요음식 : 갈치조림 외 생선회 등

르는 수고도 던다. 적당히 졸여서 간이 먹기 좋을 만큼 배었다. 함께 졸인 무와 감자 및 양념으로 넣은 양파에 갈치 맛이 배어 좋다.

음식 값이 저렴하니, 인심과 솜씨가 함께 빛난다. 전라도 음식이 맛있는 이유는 수도 없이 많지만 중요한 이유는 푸짐하다는 것이다. 제아무리 맛있어도 양이 부족하면 한끼 제대로 먹었다고 느끼기 어렵다. 외식은 시식이 아니라 정식 한끼 식사이고, 일상식을 넘어서는 별식에 대한 기대까지 충족시켜야 하기 때문이다.

자리돔조림. 짭짜름하고 고소해서 입맛을 살린다. 미역오이된장무침. 무침이라고 했지만 냉국 수준으로 국물이 많다. 제주는 된장이 흔한 동네다. 그것도 채 발효되지 않아도 먹을 만큼 된장을 좋아했고, 다른 식재료가 귀했다. 된장은 제주음식의 근간이다.

어디나 된장을 곁들여 먹던 풍속이 이처럼 육지에서는 예상치 못하던 식재료와의 조합으로 나타났다. 어디든 된장은 감초처럼 들어가 간을 맞추고 맛을 살렸다. 그렇게 만든 된장 기반의 음식들이 제주음식으로 자라나 이제 어엿한 토속음식이 되었다. 맛도 그사이에 인정을 받았다는 말이다.

어디든 감초처럼 끼는 된장, 고추와 양파를 썰어넣고 된장을 풀어 국물을 만들었다. 고추양파된장냉국, 그럴싸한 음식이다. 싱싱한 고추가 맛을 더 살린다. 된장국. 무를 채썰어 넣고 끓였다. 약간 미소시루 같은 느낌, 건더기가 많지 않아 맑은 국물 위주의 된장국에서 일본 음식과의 친연성이 읽힌다.

식후 기념 메모 천국

(고)노무현 대통령의 메모도 있다. 갈치구이 덕에 제주에서 고향을 느꼈다는 기록이다. 텁텁한 민중 대통령 노무현의 이미지가 토속음식점인 식당과 잘 어울린다. 자세히 보니 알 만한 사람이 수두룩하다. 영화배우, 운동선수, 정치인 등 유명한 이름은 다 보인다. 마치 여기 다녀가지 않으면 유명인사 아니라는 것처럼 말이다.

자세히 보니 천장에도 붙어 있다. 이러다가 벽과 천장을 다 도배할 기세다. 아마 1년 후쯤 오면 벽과 천장의 도배가 끝나 있을 거 같다. 이런 메모를 붙여놓은 식당은 어디나 있지만, 이렇게 유명인사의 메모가 많은 집은 별로 없다. 아마 관광지라는 지역적인 특색과 토속음식이라는 메뉴의 특색이 이처럼 많은 유명인사를 불러들였을 것이다.

이런 문화는 국내를 넘어 국외에서도 찾아보기 쉽지 않다. 구석구석 많이 가본 중국에서도, 더러 가본 일본의 여러 지역의 식당에서도 이런 집은 발견하지 못했다. 유럽이나 구미 식당에 없었음은 물론이고. 이런 메모를 선호하는 우리 문화 속에서 이 식당은 특별히 몇 가지 호조건이 더해져, 세계의 식당 메모 문화를 선도하는 맨 앞에 서 있다. 음식 맛만이 아닌 먹는 분위기 선도에도 1등인 집이다.

낯설고 새로운 각재기국

맛집에 가면 직관으로 감지된다. 이 집, 대단한 집이구나. 소박한 분위기에 인심과 손맛과 연륜이 죄다 담긴 음식에서 그런 직관이 현실화된다. 돌하르방식당은 서민의 밥상에서만 느껴지는 감동에 가슴 뭉클해지는 식당이다.

소박하지만 푸짐한 한상이 나온다. 금방 텃밭에서 따온 듯한 푸성귀와 묵

돌하르방식당 064-752-7580
제주시 신산로11길 53(일도2동)
주요음식 : 각재기국 등 생선요리

은 솜씨로 담근 멜젓(멸치젓), 병치조림, 오징어젓갈 등이 반찬이다. 주요리인 각재기국은 배추를 푸짐하게 넣은 뽀얀 국물에 큼직한 각재기 토막이 잔뜩 들어 있다.

각재기국. 뚝배기에 담겨 나오는데, 큼지막한 각재기가 세 토막이나 들어 있고 배춧잎이 가득하여 이거 다 먹을 수 있겠나, 즐거움 위로 우려가 밀려온다. 뽀얀 국물은 사골국물처럼 고소하다. 국인지 찌개인지 구분이 안 갈 정도로 건더기가 많다.

각재기는 전갱이의 제주말로 '각제기'와 '각재기', 두 가지 표기가 혼용되고 있다. 발음 차이가 거의 없기 때문에 나타나는 현상이다. 어원을 밝힌다면 표기를 단일화할 수 있을 거 같다. 어린 유어는 매가리라고 하는데, 경상도에서는 성어를 그렇게 부른다.

전갱이는 일본에서 매우 인기가 높은 생선이다. 우리가 일본어 '아지[鰺]'라고도 불렀던 것은 이러한 일본인의 높은 '아지' 사랑이 전래된 때문으로 보인다. 전갱이는 고등어, 꽁치, 정어리와 함께 4대 등 푸른 생선이지만 덜 기름져서 담백한 맛을 즐길 수 있다.

싱싱한 생선, 싱싱한 배추가 국물 속에서도 신선도를 말해준다. 따로 다대기를 더하지 않아도 국물은 고소하고 깊은 맛이다. 담백한 생선이라 기름기가 많지 않아, 진한 맛은 뽀얀 국물로 시각화되는데, 맛도 그처럼 진하다.

혹여 등 푸른 생선이 부담스럽다면 마늘과 고추 양념을 가미하면 좋을 거 같다. 산뜻하고 개운해진 국물 맛에 긴장이 풀리는 느낌이다. 등 푸른 생선으로 국을 끓이다니, 상상하기 어려웠는데, 음식 여행이라는 것은 이런 고정관념을 깨는 것 아니겠는가. 식재료에 대한 해석과 자연 식재료 환경의 결합으로 지역 요리가 되는 것, 제주음식도 이렇게 이루어지는 것이다.

각재기국은 등 푸른 생선과 배추가 결합하여 찌개가 아닌 국이 되면서 두 가지 약속을 깬다. 배추의 신분 상승이 그중 하나다. 너무 흔해 하찮게 여기는 배추가 중국에서는 와와차이(娃娃菜)라는 이름으로 화려하게 고급 요리로 변신한다. 여기서의 배추도 그렇다.

배추가 등 푸른 생선과 만나 국이 되어 새로운 세계를 연다. 새로운 세계는 제주인이 이미 만들어놓은 세계이다. 나에게는 문화충격이고, 제주인에게는 문화노출이다.

비리지 않고, 느끼하지도 않아 문턱이 낮은 낯선 세계의 음식이다. 문화 적응의 3단계를 한 숟갈 한 숟갈 뜰 때마다 올라선다. 식사가 끝났을 때는 새로운 음식문화권에 편입이 이루어진 느낌이 든다. 낯설지만 훌륭한 맛 덕분이다.

콩잎, 배추, 봄동이 고루 쌈채소로 나왔다. 밭에서 막 소쿠리에 담아 온 거 같다. 콩잎은 지역에 따라 호불호가 엇갈린다. 경상도에서는 많이 먹지만, 전라도 충청도에서는 찾기 어렵다. 요즘 많은 쌈밥식당에서도 찾기 쉽지 않다. 여린 잎으로 보여도 조금 꺼끄러울 거 같은 느낌, 역시 약간 꺼끄럽고 강한 맛이다. 각재기에 멜젓을 더해 싸니 별미다. 진한 맛을 상쇄한다.

병어조림. 맛있어서 금방 접시를 비웠다가 예상치 못한 국면에 부딪쳤다. 식당 안을 여기저기 돌아다니며 식탁을 살피던 할아버지가 다가와 자꾸 더 갖다 먹으라는 것이었다. 빨간 티셔츠 할아버지, 이미 나온 것도 다 먹기 힘들 정도로 양이 많은데, 자꾸 더 갖다 먹으라고, 다른 것도 더 갖다 먹으라고.

나중 명함을 집어 들고서야 알았다. 사진까지 붙어 있었기 때문. 사장님, 하르방이셨던 거다. 유명세가 그냥 나온 것이 아니라는 것, 할아버지의 솜씨와 인심에서 나온 거라는 것, 맛집의 필수가 인심이라는 것을 다시 확인한다. 가족을 불러 먹이는 기분으로 영업을 하시는 하르방, 제주 인심은 다 이런지도 모르겠다. 덕분에 음식이 더 맛있게 여겨지는 것은 분명하다.

멜젓. 다른 곳에서는 먹기 힘든 젓갈이다. 엄청 큰 멸치가 본모습 그대로 나오는 멸치젓, 추자도 멸치액젓은 많이 먹어도 이런 멜젓은 만나기 힘들다. 남해에 가서 특별한 방법으로 잡는 죽방멸치를 맛보다 만났던 거 같다. 맛은 진하고 많이 짠 편이다. 개운한 맛이 좋다. 채 익지 않은 김치도 각재기국의 훌륭한 파트너가 되어준다.

맛집에는 몇 가지 공통점이 있다. 첫째는 양이다. 적어도 흡족함이 들 만큼의 양은 제공된다는 것이다. 아무리 맛있어도 먹고 나서도 허기를 느끼는 음식은 만족감을 주기 어려워 다시 찾지 않게 된다. 둘째는 신선함이다. 재료가 신선해야 하고, 조리 시간과 밥상에 오르는 시간의 간격이 짧아야 한다. 냉장고에서 꺼내오는 음식은 거부감이 든다. 셋째는 맛이다. 넷째는 인심이다. 뭔가 잔뜩 차려놓은 거 같은데 얍삽한 느낌이면 허전하다. 상업적이라는 느낌, 뭔가 수단화되는 느낌이 불편하다.

이 집은 이 넷을 다 가지고 있다. 거기다 세 시까지만 영업하여 점심에 집중한다. 그 시간에 최선을 다하겠다는 것이다. 나머지 시간은 종사자들의 충전 시간이다. 그것은 더 신선하고 맛있는 음식 제공으로 돌아온다. 욕심을 내지 않는 것은 수더분한 가게 모습에서도 그대로 드러난다. 이것이 거꾸로 손님이 대접받고 목적이 된다는 느낌을 들게 한다.

제주도에 와서 이런 좋은 집을 만난 것은 행운이다. 제주도 사람에게 좋은 인상을 받게 되는 것은 양쪽 다의 행운이다. 어려웠던 시절의 제주도의 모습을 벗고 이처럼 넉넉한 제주가 되어 있는 것이 참으로 다행스럽고 고맙다. 이미 제주는 살기 좋은 세상이다. 덕분에 더 좋은 나라가 되고, 더 좋은 세상이 된다.

화려한 채식 비빔밥

푸짐하고 품격 있고 정갈하고 화려하고 맛이 있다. 정이 있고, 그리고 너무 싸다. 제주의 힘을 보여주는 음식이다. 비건음식, 사찰음식이다. 개운한 음식을 먹고 싶을 때 찾을 만한 안심 식당이다. 점심만 한다.

밥이보약 064-744-7782
제주시 도령로 11 대보빌딩 1층(노형동 1296-3)
주요음식 : 채식 비빔밥, 순두부

채식이 색상으로는 잔뜩 화려하게 멋을 부리고 있다. 조리법도 파격이다. 채식이 근엄할 거라는, 무채색의 침묵일 거라는 예상을 유쾌하게 깨뜨린다. 일상에 대한 모반이, 고정관념에 대한 반란이 채식에서 일어난다.

여주 '걸구쟁이'의 채식, 서울 조계사 앞 '발우공양'의 채식은 상상 가능한 밥상인데, 이곳 '밥이보약'은 예측을 넘어서는 모반의 밥상이다. 인간의 화려한 욕망을 긍정하면서도 절제의 중심은 놓지 않는다. 거기다 따뜻한 인심이 잔뜩 담겨 정말 보약이 되겠다는 생각이 절로 드는 밥상이다.

우선 일상의 밥상과 다른 색상과 재료와 요리법에 현혹되어 외식의 즐거움을 먼저 누린다. 두부에 호박과 표고가 들어 있다. 호박도 표고도 쫄깃거린다. 두부향에 얽힌 표고향이 고급스럽고 은근하다. 나물류는 간이 있고 야채류는 신선한 풍미를 내세워 간이 없다. 양념고추장을 넣고도 섭섭하면 장아찌 국물을 넣어보라. 싱그러운 주메뉴 비빔밥을 제대로 즐길 수 있다.

방풍나물의 선명한 녹색이 빨간 무의 빨간색과 만나 도발적인 색감을 드러낸다. 딴나라 음식이 되었다. 방풍나물은 여수 금오도가 주산지이지만 바닷바람 쐴 수 있는 남쪽에서는 어디서든지 만날 수 있다. 요리법도 정석이 없다. 금오도에서는 들깨장에 무친 나물이 인상적이었으나, 대부분은 데쳐서 참기름에 혹은 된장 기운에 무친다.

여기서는 식초를 곁들여 맑게 무쳤다. 식초하고도 이렇게 잘 어울릴 줄 몰랐다. 데치는 시간도 중요하다. 사각거리는 식감이 남을 정도로 살짝 데쳐야

초무침의 각이 제대로 살아난다.

돈나물이 수제 소스와 만나 화려한 샐러드로 신분을 바꿨다. 돌틈이면 어디서나 자라는 흔한 돈나물, 생으로 먹는 나물로 보통 초고추장 무침을 한다. 사과와 형형색색의 파프리카와 만나 삼원색의 화려한 음식이 되었다. 귤 소스로 서양 샐러드 요리를 이렇게도 만들어낸다.

적채와 매콤한 고추가 만난 전이다. 만나기 어려운 전이다. 재료가 다하거나 계절이 달라지거나 생산 다과로 수급 상황이 달라지면 얼마든지 식탁의 찬 메뉴가 바뀐다. 그런 가변성을 무기 삼아 이처럼 실험적인 음식을 끊임없이 만들어낸다.

이것이 무엇인지, 많이 궁금했다. 익숙한 맛인데, 어떻게 이런 맛이 나는 걸까. 정체는 갓이었다. 갓 장아찌, 갓의 향은 그대로 품으면서 새로운 신선함은 또 제대로 안았다. 채식의 진화는 어디까지인가. 장아찌 국물 맛은 또 다른 환상의 맛이다.

가지볶음, 아스파라거스와 파프리카가 고명이다. 거기다 상추를 깔아 화려한 음식으로 변형, 고명 쓰는 법, 고명이 조연이 아니라 주연이 되는 법도 고정관념의 변신이다.

된장찌개. 재료는 별 차이 없는 흔한 모습인데, 어떻게 이런 맛이 가능한가. 그것도 채식이 말이다. 불가사의한 깊은 맛, 흉내 내지 못할 맛이다.

저쪽 식탁에서는 영국에서 여행 온 젊은이들이 밥을 먹고 있다. 사장님을 대신해 손님이 열심히도 음식에 대해 이야기해준다. 영어 설명은 음식에 대한 본인의 이해가 먼저 선행되어야 가능할 터, 먹지만 말고 공부도 해둘 일이다. 이런 실험적인 음식에 대해 설명해보면 한식을 더 좋아할 거 같다.

프랑스 경구 "새로운 별을 발견하는 것보다 새로운 음식을 개발하는 것이 인류를 더 행복하게 한다." 한국인을 넘어 인류를 행복하게 하는 현장을 본다. 혼자서 다 한다는 사찰음식 전문가의 성실하고도 겸손하고 따뜻한 마음으로 차린 보약 밥상, 이 저렴한 가격에 황송한 마음으로 먹고 갑니다. 감사

합니다.

희귀한 별미, 꿩구이

'골목식당'은 차는 못 가고 사람만 갈 수 있는 정말 골목에 있다. 식당도 음식도 식재료도 전통적인 집이다. 훼손되지 않은 전통이 그대로 음식으로 남아 있다. 구이와 국수로 꿩을 맛볼 수 있는 데다, 순메밀을 그 자체로 먹을 수 있다. 제주도라서 가능한 음식이고 식당이다.

꿩을 구워 먹는 것도 꿩메밀국수를 먹는 것도 만나기 어려운 소중한 기회이다. 간혹 꿩이 부재료로 들어간 음식은 먹을 기회가 있었지만 통째로 구워 먹는 것은 처음, 사육한 꿩이라고는 해도 다 시절이 좋아진 덕분이다. 꿩국수는 꿩보다 메밀이 더 놀랍다. 완전 순메밀이다. 이 또한 처음이다. 횡재하는 기분이다. 곰발바닥 요리가 이처럼 호사스러울까.

꿩구이는 맛이 강해서인지 마늘이 잔뜩 들어가 있다. 꿩은 담백한 고기라 참기름도 넣는다고. 의외로 살이 많아서 닭고기를 먹나, 싶다가 살이 보드라운 것을 보면 또 돼지고기 살코기를 먹나, 싶기도 하다. 육질이 돼지고기와 닭고기의 중간 정도. 마늘에 치여 향은 잘 안 느껴진다. 약간 질긴 기운이 있으나 잘 익히면 발라먹는 데 문제없다. 맛있고 새로운 풍미를 보여주는 호사

골목식당 064-757-4890
제주시 중앙로 63-9(이도1동 1347-1)
주요음식 : 꿩요리

스러운 음식이다.

꿩고기는 다 사육 고기이다. 사냥이 어려워 자연산은 쓰지 못한다. 더구나 사냥에는 수렵 금지 기간도 있어 여러모로 수급 상황 조절이 어렵다고. 아주 머니께서 손수 굽고 잘라주신다. 나중에 마늘 양념도 다 긁어주시며 먹으라고 하신다. 손님이 아니라 가족 응대 같다.

제주는 전국 40% 정도를 생산하는 메밀의 고장이다. 산모는 반드시 메밀죽을 먹었다. 먹으면 부기가 빠지고 젖이 잘 나오는 보양음식이다. 송당본향당이 있는 송당은 메밀의 산지이다. 본향당굿이 끝나면 손님에게 모두 메밀국수를 대접했다.

메밀은 무가 세경본풀이에서는 자청비가 가져온 곡물이다. 생육 기간이 90일로 짧아 2기작이 가능하여 쌀농사가 어려운 제주에서는 최고의 효자 곡물이다. 제주 음식은 메밀을 빼놓고 얘기할 수 없다.

그 메밀을 여기서는 순메밀칼국수로 먹는다. 그동안 함량 낮은 메밀을 먹어온 것이 거꾸로 검증된다. 틉틉한 면발을 보고 처음엔 안 익은 줄 알았다. 아무래도 안 익은 거 같아요. 참다못해 이렇게 주장도 했는데, 순메밀 면발은 그래요. 돌아온 대답에 꼼짝 못 하고 무너졌다.

생각해보니 한번도 순메밀을 먹어보지 못한 것이다. 그래도 요즘은 반죽이 많이 쉬워졌단다. 가루가 거칠었던 옛날에는 반죽이 너무 뻑뻑해 힘이 너무 들었는데, 지금은 가루가 하도 고와져서 별 힘 안 들고도 칼국수 해낼 수 있단다.

이거 먹으면 이제 그거 못 먹어요. 아하, 믹스커피 먹다 원두커피 먹으면 믹스 못 먹는 거처럼 그렇구나, 맘대로 비유하며 순메밀의 지순함을 이해하려 했다. 그 귀한 메밀반죽을 손으로 이겨 만든 손칼국수다. 국수가닥 크기와 밀도가 조금씩 다르다. 손칼국수의 맛이 바로 이거, 다양한 식감을 만들어내고, 소화도 한 박자 늦추는 거다.

주요리도 좋지만 곁반찬이 나무랄 데 없이 훌륭하고 인심도 좋다. 마늘대

장아찌는 압권이다. 제주는 마늘의 고장이기도 하다. 시내에서도 어디서나 조금만 나가면 마늘밭을 볼 수 있다. 마늘의 고장다운 음식이다.

장아찌를 이 정도로 맛 내려면 도대체 어느 정도 숙련되어야 할까. 마늘대를 이렇게 통째로 장아찌 담그는 것은 쉽지 않다. 뭍에서는 거의 못 만났다. 개운하고 통통한 식감에, 짜지 않으면서 많이 시지도 않다. 마늘대의 풍미는 통째로 살아 있다. 전수받고 싶은 음식이다.

제주 곁반찬은 대개 종류도 맛도 엇비슷하여 별로 기대하지 않게 된다. 여기서는 주객 구분 없이 모두 다 대단하다. 김치도 아직 익지 않은 생김치 풍모인데, 사각거리는 배추에 담긴 맛이 너무 대단하다. 양념도 적당하고 젓갈 간이 거의 없어 순한 김치 찾는 사람에게도 좋고, 양념이 어느 정도는 들어가 전라도 김치 찾는 사람도 만족시킬 수 있다.

통통한 줄기가 감칠맛 나게 사각거린다. 간도 적절, 순수한 맛이 느껴진다. 섞박지 솜씨도 상당하다. 사각거리는 제주 무 식감에 적당한 간으로 뒷맛이 개운하다. 제주에서 만난 무김치가 인위적인 단맛을 남기는 경우가 많았는데, 이건 시원하고 좋은 자연의 맛이다.

실내장식이 토속적이고 정겹다. 손이 많이 갔으나 인정을 거스르지 않아 다정한 기운이 넘치는 것이 좋다.

제주도는 꿩음식이 유명한 동네다. 육지와 다름없이 꿩이 텃새로 지천이었지만 요새는 사육해서 먹는다. 제주도 꿩요리는 이외에도 꿩적, 꿩엿, 꿩메밀만두, 꿩마농김치 등등이 있다. 꿩은 우리가 오래전부터 먹어오던 식재료다.

『규합총서』에는 꿩고기는 어육장·완자탕·쇠곱창찜·화채·전유어·죽순나물 등의 요리재료로 쓰이며, 강원도 정선의 꿩꼬치산적이 유명하다 하고, 꿩고기 굽는 법을 소개하였다. 『동의보감』에서는 식약동원의 관점에서 소개하고 있다.

육지의 꿩요리는 충주 수안보 요리가 알려져 있는데, 제주도 요리가 더 토속적인 방식을 고수하는 거 같다.

식당이 위치한 동문시장은 제주에서 가장 큰 재래시장이다. 생선이 매우 싸고 싱싱하다. 그대로 회쳐먹을 수 있는 싱싱한 자리돔과 썰어놓은 횟감이 모두 만 원어치가 한 보따리다. 아주머니는 회칠 때 쓰는 방법도 상세하게 지도해주신다. 제주에서 회를 먹으려면 동문시장에 오는 것이 가장 알뜰한 길인 거 같다.

고소하고 산뜻한 땅콩국수

산뜻한 우도땅콩국수를 하절기에 만날 수 있다. 우도땅콩을 재료로 한 아이스크림부터 파이, 타르트, 커피 등등을 우도와 인근에서 만나는데 여기서는 국수를 만난다. 식사용 음식으로 인기를 얻고 있는 땅콩 국물 국수가 기대만큼 고소하고 특별한 풍미를 자아낸다.

국수 한 그릇에 김치 한 보시기로 이루어진 간단한 밥상이지만 나무랄 데 없는 맛과 품격에 저절로 괄목상대의 자세를 갖게 된다. 덕분에 시들어가던 입맛도 찾고, 제주 음식에 대한 기대도 높인다.

'어디가맨'은 '어디 가냐?'는 제주도 방언이다. 이렇게 맛있는 집 두고 어디가냐는 말로 읽힌다. 자랑할 만하다.

어디가맨 064-724-5557
제주시 중앙로 537
주요음식 : 꽝국수(뼛국수) 등 국수류

면발이 차지고 쫄깃하다. 거기다 땅콩을 더한 국물이라 콩국물보다 더 진하고 고소하다. 국물이 아주 진해서 국수가 아닌 국물이 주연 같다. 차진 면발에 국수의 맛도 배가된다. 적당히 살짝 단맛도 좋다. 얼음은 빼고 먹어야 국물의 진한 맛을 그대로 느낄 수 있다.

직접 담근다는 김치가 압권이다. 단조로운 일품요리의 품격을 높여준다. 제주에서 맛있는 배추김치 만나기는 별로 쉽지 않다. 고춧가루가 귀했던 제주에서 빨간 김치가 보편화된 건 그리 오래지 않다. 2, 30년 전에는 거의 만나지 못했다는 빨간 배추김치는 관광 활성화 및 육지 이주민의 선물이다. 빨간 김치에 육지와의 음식 교류사가 담겨 있다.

제주도에서는 가끔 계란 프라이를 직접 해먹게 하는 서비스를 만난다. 왜 직접 하게 하나? 해먹는 재미, 추가 서비스 받는 거 같은 재미를 누리게 하려는 게 아닐까. 국수 한 그릇만으로는 헛헛하지 않을까 하는 불안도 잠재우면서 말이다.

제주도 명물, 우도땅콩

우도땅콩은 길쭉하지 않고 둥글며, 크기가 작다. 일반 땅콩보다 단단한 껍질 속에 꽉 찬 알이 단단하며 고소한 맛과 향이 강하다. 보통 땅콩의 느끼한 맛이 없어 껍질째 먹는 것이 부담스럽지 않다. 볶음땅콩은 연한 황토색에 껍질 광택이 없어 일반 땅콩과 확연히 구분된다.

땅콩은 한 포기에 열매가 무수히 달려 생산성이 작지 않다. 최근에는 만만찮은 가격 탓에 중국 유사 품종이 우도산으로 둔갑하고 있다니 주의를 요한다. 가끔 육지에서도 우도땅콩을 만난다. 역시 단단하고 향이 강해 보통 땅콩과 비교된다.

우도에 가서는 아이스크림을 먹는데, 우도땅콩 식품 중 가장 지명도가 높다. 이외에도 쿠키, 비스킷, 찰떡파이, 타르트 등 과자류와 버터, 막걸리, 땅콩국수 등 식품을 만든다. 우도땅콩버터는 쫀득쫀득 고소하다. 버터를 먹는지 땅콩을 먹는지 구분이 안 될 정도다. 우도땅콩 식품군은 고소하고 맛이 좋지만, 아직 지명도가 높지는 않다.

가파도 청보리와 함께 우도땅콩은 제주도의 새로운 명물이다. 제주도에서 또 배를 타고 가야 하는 섬, 우도와 가파도의 농산물은 청정식품에 토종 먹거리로서 신뢰를 받는다. 신뢰를 등에 업고 땅콩국수가 우도땅콩 식품군을 알리는 데 선봉대장을 맡고 있다.

탱글탱글 돌문어와 뿔소라

'파도소리해녀촌'은 하우목동항에서 멀지 않다. 우도에서도 신선하고 향토적인 제주도 음식을 맛볼 수 있다. 식재료와 조리법에 모두 제주 특성이 배어 있다. 집은 허술한데 맛은 허술하지 않다. 회는 신선하고 탱글거리며, 보말죽과 칼국수는 제주도만의 특별한 바다 향과 깊은 맛을 담고 있다. 특히 보말뿔조개칼국수는 미역과 함께 어우러져 육지음식에서는 짐작할 수 없는 맛을 낸다.

돌문어숙회. 그동안 돌문어는 질길까 우려되어 피문어만을 골라 먹곤 했다. 제주대 앞에 가니 돌문어튀김 덮밥을 해준다. 돌문어를 부드럽게 하기 위해 여러 시간 두드려서 만든다고 했다. 돌문어를 부드럽게 먹는 법을 제주

파도소리해녀촌 064-782-0515
제주시 우도면 우도해안길 510(연평리 874-2)
주요음식 : 돌문어, 뿔소라, 보말(재료 음식)

분들에게 탐문하니 산 채로 얼려서 그대로 짧은 시간에 삶아내라고 한다. 이 돌문어는 어찌 삶았을까. 피문어 못지않게 부드럽다. 쫀득거리고 피문어처럼 엉겨붙지 않고 탱탱한 육질이 더 살아 있다. 제주 돌문어의 새로운 발견이다.

문어는 민물 기운 없는 바다에서는 어디서나 나는데, 잡는 도구와 방법은 제각각이다. 제주에서는 문어를 '뭉게'라고 부른다. 해녀는 호미나 작살, 남자들은 뭉게푸끔대나 뭉게거낫 등을 사용해서 잡는다. 우도에서도 뭉게거낫으로 문어를 잡는 것을 볼 수 있다.

뿔소라회. 꼬들꼬들 쫀득쫀득 탱글탱글 미끈미끈이다. 갓 잡아 바로 썰어 온 감각이 입안 가득 느껴진다. 바다를 그냥 담아온 듯하다. 제주도 향토 식재료에 최고의 신선도니 이만한 신선놀음이 없다.

톳무침. 무채와 함께 약간 시큼하게 무친 톳이다. 부족하면 직접 가져다 먹을 수 있다. 깍두기도 사각거리고 썰컹거리고 좋다. 김치의 부족함을 채워준다.

칼국수는 직접 냄비째 내와서 2분 정도 끓여 먹는다. 약간 간간한 느낌. 미역이 들어 있는 데다 톳을 넣은 면이어서 면도 국물도 온통 바다 분위기다. 보말과 뿔소라 살이 들어 있으니 맛 자체가 신비롭다. 호박을 넣어 약간 달근한 맛이 느껴진다. 덕분에 맛이 부드러워지고, 소라살과 어울려 색다른 풍미를 선사한다.

보말죽. 내장도 그대로 들어갔다. 강한 들기름 맛을 풍기는데, 맛은 별세계다. 보말죽은 전복죽처럼 내장을 함께 조리해야 맛있다. 보말을 삶아 꺼낸 속과 내장을 으깨어 참기름으로 볶은 뒤 끓여 먹는 것이 제주 비법이다.

보말은 고둥의 제주말이라는데, 실제로 지칭하는 고둥이 고정되어 있으므로 제주산 특정 해물로 봐야 할 듯하다. 거제도 등지에서 '배말'이라고 부르는 것은 다른 종류다. 제주에 와야 보말을 만난다. 전복죽이 최고인 줄 알았는데 보말죽도 풍미와 맛의 깊이가 뒤지지 않는다. 해물 다양성은 음식 다양성과 직결된다.

횟감에다 칼국수까지 더하니 영양과 맛이 온전한 풍성한 한끼다. 여행은 별미 덕분에 의미와 기억이 더 또렷해진다. 돌아가면 중독처럼 자꾸 새 여행을 꿈꾸게 된다. 제주도 음식은 다양한 매력을 갖추고 여행을 유혹한다. 보말죽도 중요한 유혹이 될 듯하다.

우도 구경

하우목동항 앞에는 꼬마전기차 대여소들이 많다. 제주도에서 오는 배는 우도의 하우목동항이나 천진항으로 들어온다. 하우목동항에 내리면 이 꼬마차를 대여해 섬을 제대로 돌아보자. 우도, 소섬의 머리 부분 천진항 쪽은 지형이 험하므로 조심해야 한다. 제주 본섬 여행과는 또 다른 색다른 맛을 느낄 수 있다.

우도 검멀레 해변가에 시비가 있는 충암(冲庵) 김정(金淨)의 「우도가(牛島歌)」도 살필 일이다. 기묘사화에 연루되어 제주에 유배 와서 사사된 그는 위리안치(圍籬安置)된 몸으로 제주의 풍물을 기록한 『제주풍토록(濟州風土錄)』을 저술하고, 우도에 관해 풍문만 듣고 「우도가」도 썼다.

기이한 모습으로 생동하는 자연의 아름다움에 취해 신선이라도 된 듯한 느낌을 길게 읊었다고 『한국문학통사』에서는 말했다. 우도에 편하게 와서 맛있는 음식을 먹고 전기차로 섬을 살피는 신선놀음을 보면 충암은 어떻게 느낄까.

우도 특산물 땅콩 아이스크림

우도에 오면 다들 땅콩 아이스크림을 먹는다. 땅콩은 우도 특산물이다. 우도는 경작지의 40%에 땅콩을 재배한다. 땅콩은 뭍것과 달리 작고

짧고 둥글며, 고소한 맛과 향이 일품이다. 아이스크림 외에도 땅콩을 이용한 다양한 음식과 과자류가 나와 있다.

거기다 최근에 맛과 보존성이 더 좋은 새 품종 '우도올레'를 개발하였다니 앞으로 우도땅콩과 가공식품을 더 많이 만날 수 있을 거 같다. 해물 외에도 농작물 특산품을 만나다니, 우도발 다양한 식품군이 방문객을 계속 우도의 추억 속에 묶어놓을 거 같다.

전라도식 집밥 한상

맛있고 푸짐하면서, 조리법과 양념에서는 전라도의 깊은 풍미가 느껴진다. 식재료는 보리쌀에, 고등어에, 흑돼지에, 두부에, 대부분 제주 특산물이다. 제주 식재료에 얹힌 푸진 인심에 깊은 맛까지 갖춘 실한 밥상을 받으니 여행객이 아닌 주민이 된 기분이다.

편하게 먹을 수 있는 집밥 분위기의 음식이 다 맛있다. 특별한 음식을 찾으라면 흑돼지고기 정도이다. 일상적인 음식을 좋은 분위기 속에서 먹을 수 있는 평범한 맛집이지만, 맛의 완성도가 의외로 높다.

토종흑돼지. 고기도 쫄깃하고 양념국물도 맛있다. 신선하고 탱글거리는 맛이 역시 다르다는 느낌이다. 서울 강남에는 독일 족발 슈바인학센을 제주산 흑돼지로 만드는 곳이 있다. 쫄깃거리며 잡내 없이 상쾌한 맛이 중독성이 느

낭뜰에쉼팡 064-784-9292
제주시 조천읍 남조로 2343(와흘리)
주요음식 : 한식

신화의 섬 제주문화 찾아가기

껴질 정도다. 제주산 흑돼지는 외지로 나가서 심지어 외국 조리법으로 요리해도 맛의 진가를 잃지 않는다.

가지 반찬, 무청나물은 제주음식상에서 자주 만난다. 특히 무청은 다른 곳에서는 주로 열무김치로 만나는데, 이곳에서는 나물로도 만난다. 무청의 향을 고스란히 담고 있어 향긋하고 고소하다. 요리법에 나타나는 지역성이라 하겠는데, 전남에 가도 무청나물을 만나니 두 지역의 음식 교류나 유사성의 예증으로 보인다.

고등어는 기름 자르르하게 잘 구워낸 외양만큼이나 맛도 일품이다. 두부가 투박한 맛을 내며 토속의 느낌을 준다. 콩이 많이 생산되는 제주는 두부도 된장도 생산이 용이하다. 두부의 투박한 맛이 푸진 콩생산의 여유로움을 보여주는 것 같다. 된장찌개는 제주 특유의 가벼운 맛이 난다.

쌀알이 드문드문한 보리밥, 거의 꽁보리밥 수준이지만 거칠지 않다. 탱글거리며 굴러다니는 느낌은 있으나 차진 보리밥의 식감이 아주 좋다. 보리밥만으로도 입맛이 돈다. 어려운 시절 쌀도 없이 먹던 거친 밥이 이제는 건강식으로 귀하신 몸이 되었다.

제주도는 보리가 많이 난다. 쌀농사는 화산석 지반이어서 물이 고이지 않아 어려우나, 보리 농사는 비교적 용이하여 자급이 가능하다. 제주 사람의 어릴 적 기억은 보리밥과 함께한다. 그중 가파도 청보리는 최고라고 자랑하고, 흑보리는 제주 특산품이라 한다.

제주의 전라도 입김

제주는 전라도와 인연이 많다. 우선 제일 가까운 곳이 호남이다. 행정적으로도 제주는 전라도절도사의 관할구역이었다. 조선조에는 제주에 흉년이 들면 가깝고 곡물 생산이 풍부한 전라도에서 백미와 겉보리 등 구휼미를 보내왔다.

해방 후에는 이래저래 교류가 많았던 전라도 사람의 입도가 대거 이루어졌다. 1960~70년대 호남에서는 극심한 한해로 인구 전출의 필요성이, 제주는 경제개발을 위해 인구 유입의 필요성이 생겼다. 경제적으로는 서귀포 감귤 산업의 부흥으로 인력이 요구되고, 행정적으로는 제주 인구 증가를 위해 입도가 요청되었다. 중산간 지역 땅의 불하를 입도 조건으로 내세우기도 하였다. 구휼미를 요구하던 제주가 전라도에 일자리 제공으로 보답한 셈이다.

육지와 제주도를 잇는 가장 오래된 해로는 전남 강진—제주 뱃길이다. 이곳 강진을 중심으로 해남, 함평, 영암, 완도 등, 제주도로의 전입이 용이한 서남 해안 지역 사람들의 이주가 주로 이루어졌다. 이들 1세대 이주자는 이제 제주 사람이 다 되었다. 제주시에 있는 호남향우회 회원은 12만 명으로 추정되는데(2015), 호남 출신은 제주 인구의 1/3까지로 보기도 한다.

식당이 있는 곳은 바로 중산간 지역, 전라도 사람의 집중 이주 지역이니 강한 전라도 음식 풍미는 제주 특산물과 전라도 솜씨가 만나는 문화 교류의 모습인 셈이다. 식당이름 '낭뜰에 쉼팡'의 '낭'은 나무, '쉼팡'은 쉬는 곳이라는 제주말이다. '낭뜰에 쉼팡'은 이제 나무 아래 누구나 힘들면 쉬는 공간, 특정 지역민을 넘어 누구나의 쉼팡이 되어 그대를 기다리고 있다.

특색 있는 토종닭 샤브샤브

교래리는 토종닭 특구이다. 얼핏 보면 식당가가 형성되기 어려울 듯한 곳에 토종닭요리집들이 모여 있다. 식재료 생산이 식당을 만들어낸 지역인 셈인데, 이 지역을 선도하는 집이 '성미가든'이다. 싱싱한 제주 특산 식재료 산지의 강점을 살린 특성 있는 요리법에다 성의를 다한 곁반찬으로 신뢰를 얻은 집이다.

교래는 해발 400미터가 넘는 고지여서 농사에는 적합하지 않아 예로부터 사냥이나 목축에 종사하는 사람들이 많았다. 그러다 1970년대 말부터 토종

닭을 키우면서 변화와 활로를 찾았다. 집집마다 빈 땅에 닭을 키웠다. 이곳은 사방팔방이 숲이어서 맑은 공기와 녹지 여건이 닭 키우기에 좋았다. 산굼부리, 절물휴양림 등 관광지를 끼고 있어 고객 유치에도 유리했다. 2009년에는 토종닭 유동특구로 지정되어 관의 도움도 받을 수 있게 되었다.

교래리는 닭을 직접 잡거나 잡은 닭을 바로 들여와 요리하므로 샤브샤브 같은 특별한 요리가 가능하다. 샤브샤브는 신선한 육질이 전제되어야 가능한 요리이다. 닭은 소고기육회나 생선회처럼 날로 먹지 않기 때문에 가장 생것에 근접하게 먹는 방법이 이와 같이 끓는 물에 금방 익혀 먹는 샤브샤브 방식이라 할 수 있다. 접시에 포로 떠놓은 얇은 살은 신선도를 바로 육안으로 확인할 수 있게 해준다. 공장 닭을 쓰는 육지에서는 먹어보기 힘든 방식이다.

요리 등장 순서도 생선회와 비슷하다. 먼저 회를 떠 먹고 매운탕을 끓여 먹는 것처럼 샤브샤브용 가슴살을 도려낸 닭을 삶아 백숙을 만들어 올린다. 그리고 닭죽이다. 이 과정에서 특별한 것은 두 가지, 삼계탕이나 백숙에 넣는 찹쌀 대신 감자를 넣는 것, 그리고 닭죽과 백숙에 녹두를 넣는 것, 이 둘에 샤브샤브를 더하면 교래리 통닭요리의 세 가지 요리 비법이 완성된다.

토속음식은 식재료의 토속성, 요리 방법의 토속성 두 가지 조건 중 하나를 충족시키면 가능하다. 교래리 닭요리는 이 둘을 모두 충족시켜 확실한 제주 토속음식이 된다. 반백년이 채 되지 않는 사이 확실하게 토속음식으로 자리

성미가든 064- 783-7092
제주시 조천읍 교래1길 2(교래리 533)
주요음식 : 닭 샤브샤브, 닭백숙

잡았다. 교래리에 와서 토종닭 요리를 먹는 것은 지역 이해의 시작이다.

샤브샤브탕. 중국식과도 태국식과도 다르다. 닭국물에 채소를 잔뜩 넣었다. 배추, 미나리, 무, 팽이 등등의 채소가 살폿 끓으면 고기를 데치듯이 넣어 익혀 익은 채소로 싸 먹는 것이다.

소스 맛이 일품이다. 배를 갈아 넣고 생강과 마늘, 간장 등을 넣어 맛을 낸 듯하다. 자연스럽게 살짝 단맛이 나면서도 짜지 않게 닭 샤브샤브의 풍미를 살려낸다. 노하우가 응축된 소스다.

김치도 싱싱하고 풋풋한 맛이 진하지 않은 양념 맛을 잘 담고 있다. 전라도식 김치의 풍미도 느껴지지만 그보다 훨씬 담백하다. 물김치는 사각거리는 배추에 국물이 개운하고 시원하다. 자연의 맛이다.

곁반찬의 하이라이트는 갓김치. 돌산갓김치와 다른 풍미로 완전히 입맛을 살려낸다. 누구라도 이 김치 한 입이면 입맛을 잡을 거 같다. 갓이 돌산갓과 다르게 연하고 부드러운 향이다. 갓의 육질도 부드럽다. 갓의 진한 맛을 찾으려면 돌산갓을, 연하면서도 갓의 느낌을 즐기고 싶으면 제주 갓을 찾아야 되지 않을까 싶다.

양념을 연하게 해도 갓 속에 죽어버리지 않는다. 연한 양념과 갓의 풍미가 어우러져 제주 갓 맛을 일품으로 만들어준다. 섞박지의 뒤끝 단맛은 좀 서운하다.

닭 백숙이 익어간다. 모습이 조금 온전하지 못한 것은 가슴살을 샤브샤브로 양보했기 때문. 뼈가 돌아빠지게 충분히 끓여 감자도 녹두도 잘 익어 서로의 맛이 잘 어우러졌다.

아예 쌀은 빠졌다. 예로부터 제주는 쌀이 귀한 곳, 그래서 삼계탕도 대부분 녹두삼계탕이다. 녹두로만은 탄수화물이 부족하니 감자를 넣었다. 논농사가 드문 제주에서는 밭작물이 구하기 용이하다. 콩, 팥, 녹두, 감자 등은 제주에서 많이 나는 밭작물이다. 구하기 쉬운 제주 재료를 이용하다 보니 자연스레 제주 토속음식이 되었다.

내친김에 육지에서는 흔하지 않은 녹두닭죽을 먹어보자. 사실 오늘 주메뉴 중 가장 편하게 먹게 되는 음식이 바로 이 녹두죽이다. 간도 적당하고, 곡물이 들어 있어 먹기 편하고, 국물이 진하고 등등 죽에 관한 요구사항을 다 충족시킨다.

식당에서 시내로 돌아가는 길은 온통 말 천지이다. 말들이 한가로이 풀을 뜯는 푸른 목장을 지나자면 제주 여행의 맛으로 충만해진다. 좋은 음식에 좋은 풍광, 사람이 만들어낸 향토음식에 자연과 어우러진 전통의 말 목장은 아름다운 향취로 가득하여 고난의 제주사를 모두 덮는 거 같다.

해녀 손맛 그대로 문어숙회

모든 음식이 신선하고 산뜻하다. 음식은 재료의 싱싱함을 크게 말해주고, 만드는 정성을 낮게 말해준다. 만드는 솜씨에서도 자신이 넘친다. 오랜 경력 덕분인지, 최소의 양념으로 최대의 맛을 내는 집이다.

문어숙회. 제주산 돌문어다. 돌문어는 질길 거라는 예상을 조금 깼다. 싱싱해서인지 동해안 피문어와 별차이가 없다. 쫄깃거리고 통통한 식감이 입안 가득 신선함으로 채워준다.

전복죽. 신선하고 맛있는 전복죽 맛은 이렇구나, 새삼 깨닫고 감탄하게 한

김녕해녀촌 064-783-4986
제주시 구좌읍 김녕로 21길 25
주요음식 : 해산물, 생선회

다. 전복 내장이 충분히 들어가고, 씹히는 전복살도 만만치 않게 풍부하다. 색상도 영양도 식감도 맛도 다 갖춘 음식이다.

성게미역국. 암만 기다려도 펄펄 끓는 국이 식지 않는다. 데운 국이 아니라 펄펄 끓여서 막 퍼 온 국이었다. 국에서 바다 내음과 싱싱 내음이 같이 난다. 성게도 잔뜩이어서 국물은 진하고 개운하다.

회국수. 손으로 무쳐서 먹으라고 비닐장갑까지 내왔다. 장갑 아니어도 비빌 수 있어 젓가락으로 비볐다. 소스가 살짝 달다는 느낌인데, 상큼하게 먹을 수 있을 만큼이다. 통통한 횟감에 상추가 국수와 환상의 궁합을 이룬다. 국수는 얼음물에 건졌는지 쫄깃하기가 말할 수 없다.

이런 음식, 이런 맛도 있구나. 회국수는 인근 식당에서 한 10년 전에 개발한 메뉴란다. '촌촌해녀촌'인가 하는 동복리 식당이 원조라고 일행은 알려준다. 그 집도 맛있겠지만, 여기 '김녕해녀촌'도 이만하면 훌륭하다.

갓김치, 최근 가장 눈에 띄는 채소 반찬이 바로 이 갓김치다. 가을에 오면 열무무침이 눈에 띄는데, 갓김치가 여수산과 풍미가 완전 달라 새로운 기분이 든다. 향은 약하지만 더 부드럽고 식감이 온화해서 다른 풍미를 간직하고 있다. 여수 갓은 다른 곳으로 가면 그냥 열무 비슷하게 향이 빠진다. 제주 갓은 부드러운 향으로 바뀌어 매우 고급한 맛이 난다. 양념을 약하게 하여 채소 고유의 풍미를 잘 살려내 입맛을 돋군다.

멸치볶음. 제주 특산 중 하나가 멸치. '멜'은 이처럼 볶음으로 자주 상에 올라 너댓 가지 찬 중 꼭 한몫을 차지한다. 멸치찌개, 멸치튀김 등의 단품메뉴도 좋지만, 가장 보편적인 볶음도 좋다. 대개 잔멸치로 하는데 맛도 풍미도 다 좋다. 너무 딱딱하지 않고 부드러운 것도 좋다.

마늘종무침. 제주도는 마늘 산지다. 지금 들에는 온통 마늘밭이 수확을 기다리고 있다. 요즘은 노루가 출몰하여 노루를 막기 위한 철망이 눈길을 끈다. 하지만 이 마늘종 맛은 조금 싱겁다. 식재료 본래의 맛이 더 잘 드러난다.

문어는 아이들도 잡으며 놀았을 정도로 제주에 지천이었다. 어두운 밤에

햇불을 들고 잡았다. '뭉게'로는 죽을 쑤고, 국을 끓여 먹었다. 삶아서도 먹고 구워서도 먹었다. 죽을 쒀서는 산모들이 보양식으로 먹었고, 코피 나는 사람도 코피 나지 말라고 먹었다. 먹물도 버리지 않고 죽을 쑤어 먹었다.

예로부터 '김녕 여자 앉은 자리는 풀도 안 난다'는 말이 있었다. 너무나 척박한 곳이어서 농사가 안 되므로 여자들이 모두 억척스러워져야 했기 때문이다. 김녕에는 굴도 많고 바위도 많고 당도 많다. 다 신산한 삶과 연관되는 것들이다.

하지만 이제는 다 옛말이다. 아름다운 바다에 맛있는 음식이 지천이다. 당도 내면을 보면 견고한 공동체 의식의 산물이니, 요즘 사람들이 지향하는 것들이 다 있는 곳인 셈이다. 아름다운 바닷물 색처럼 그렇게 아름다운 풍요로움이 김녕에 지속될 것이다.

호사스러운 전복뚝배기

'은혜전복'은 전복 일색으로 메뉴가 구성되어 전문성에 신뢰감을 준다. 절경에 자리 잡고 있고, 근처 상가가 조성되어 급하게 다녀가는 사람은 구경과 특산물 쇼핑을 겸할 수 있어서도 좋다. 경치와 맛집과 특산품이 다 있는 관광특구에, 이처럼 유서 깊은 맛집이 있다.

은혜전복 0507-1432-9060
제주시 애월읍 애월로1길 24-3
주요음식 : 전복 요리

전복뚝배기, 만나기 힘든 요리다. 갖가지 해물에 전복을 여러 개 넣었다. 새우, 게, 홍합, 미더덕 등 해물에 무와 호박 등 채소를 넣고, 고춧가루를 풀고 된장 기운을 했다. 전복에 고춧가루, 흔히 만나는 조합은 아닌데, 국물이 먹을 만하다. 제주에나 와야 먹을 수 있는 요리임이 분명하다. 시원하면서도 깊은 맛이 느껴져 특별한 요리가 부담스럽지 않다. 전복으로 호사하는 기분이다.

전복돌솥밥, 전복 내장 외에 다른 재료도 좀 들어간 거 같다. 고소한 맛이 좋다. 간이 거의 안 되어 있으므로 부추간장으로 비벼야 한다. 이 부추간장이 명물이다. 약간 단 듯한 느낌인데 짜지 않으면서 전복밥과 잘 어울리며 맛을 완전 상승시킨다. 둘이 만나니 맛이 두 배가 된다. 이 양념간장을 보니 솜씨를 평가하지 않을 수 없다. 화룡점정의 역할을 제대로 하는 맛간장이다.

고등어구이는 입에서 설설 녹게 맛있다. 간도 적절하고 기름기 밴 살코기가 참 고소하다. 싱싱한 느낌도 좋다. 무절이. 찬은 부족하면 셀프 리필 코너에서 더 가져다 먹는데, 이 무를 더 가져다 먹었다. 고등어구이와 먹으니 맛이 더 살아난다. 사각거리고 짜지 않고 초 맛이 적절하여 아주 개운하게 생선구이를 살려준다.

살짝 익은 듯한 김치 맛도 괜찮다. 낙지젓에서는 푸진 인심이 느껴진다. 단맛이 나지 않아 좋다. 곁반찬들이 전복 일색인 주요 메뉴에 대한 신뢰감을 준다.

요즘은 완도에서 전복의 80%를 생산한다. 하지만 조선시대에는 제주에서 전복을 많이 잡았다. 전복을 잡는 것은 대대로 남성의 일이었는데, 전복 잡는 남성을 포작인(鮑作人), 제주 말로는 '보재기'라고 했다. 포작인은 어포를 만드는 사람이라는 뜻인데, 이들은 어포 일 외에 주로 전복을 잡아 운반까지 하는 진상 일을 했다.

전복은 수심 20미터 이상 들어가 따야 해서 주로 해녀 아닌 해남, 포작인의 일이 되었다. 힘들게 딴 전복은 그나마 모두 수탈당했다. 그들은 야반도주를 해서 전복 채취 일에서 벗어나고자 했다. 도망친 그들을, 주로 거주했던 육지 남쪽 해안가에서는 한라산의 다른 이름인 두무악(頭無岳)이라고 불렀다. 이들은 왜적이 두려워할 정도로 사나운 모습으로 연명해야만 했다. 실록에는 제주도의 전복 진상의 어려움이 자주 거론되고, 그 노고를 염려하고 두무악을 구휼하라는 말도 나오지만 진상을 폐한 것도 문제가 해결된 것도 아니다.

이제는 그런 포작인 없이도 발달된 어업 기술과 양식 덕분에 누구나 전복을 먹을 수 있다. 조개의 왕, 세계 4대 산해진미라는 최고의 음식으로 차린 일상의 밥상이 현실이 되었다. 상층의 특별음식이 보통 사람의 일상 음식이 되는 사이, 제주 또한 우아하고 풍요로운 지역으로 변신하여 보자기의 흔적은 전설로만 남았다. 화려한 밥상 아래 숨은 보자기들의 극한의 노고, 한번쯤 생각해보면 더 의미 있는 밥상이 될 거 같다.

명품 같은 미역보말칼국수

이처럼 시골에서 토속적이면서 깊은 맛을 볼 수 있다는 것은 제주도의 매력이다. 주요 메뉴의 맛은 물론 곁반찬과 상차림, 접시차림까지 나무랄 데가 없다. 김치가 얼마나 맛있던지. 우연히 배추김치 담그는 것을 보니 풍성한 양념, 익숙한 손놀림이다. 저리 담그니 이리 맛나지 싶다.

웃뜨르항아리 064-773-1018
제주시 한경면 중산간서로 3705(저지리 1804-1)
주요음식 : 보말칼국수 등 향토음식

나무랄 데 없는 음식들의 향연. 밥 먹을 때 이렇게 즐겁고 유쾌하기도 쉽지 않다. 한국음식의 특성 중 하나가 상하 차이가 없는 것이라 할 수 있다. 저렴한 이 음식상도 왕후장상이라도 부럽지 않을 밥상이다.

전복비빔밥에 노랗게 보이는 양념이 게우젓이다. 전복의 내장을 말하는 '게우'로 담근 젓갈, 비빔양념이 따로 있어도 게우젓으로만 비볐다. 내장의 고소하면서도 고유한 풍미가 입안에 가득 찬다. 음식의 변주가 끝이 없다. 대단한 음식, 대단한 식당이다.

미역보말칼국수. 명품 같은 음식이다. 칼국수도 국물도 미역도, 나무랄 데 없다. 칼국수는 보말 내장을 넣어 반죽을 해서 녹색이 난단다. 영업 비밀이라는데 말해도 되는 건지. 손으로 치댄 손칼국수라서 쫀득거리는 식감도 그만이다.

뭣보다도 비싸다는 그 보말을 충분히 넣었다. 국을 끓이면 전복보다 개운하다는 보말, 흔한 거였지만 요즘은 값이 올라 점점 부담스럽다는 보말이 제법 많이 들어 있다. 보말 덕에 국물 맛도 개운하고 깊다. 미역도 적당히 끓여 씹는 맛이 좋고, 미역맛도 충분히 우러나 있다. 제주 대표 음식이라 여기저기서 보말칼국수를 자주 먹게 되는데, 단연 최고수의 음식이다.

김치, 사각거리고 개운한 맛이 놀랍다. 제주도 시골에서 이런 맛을 만나다니. 고춧가루가 흔치 않았던 제주에서는 빨간 김치 담그기가 쉽지 않았다. 그런데도 이만한 김치를 담가낸다. 운 좋게 갖은 양념으로 성의 있게 담그는 모습을 직접 보니 맛있는 이유를 알 거 같다.

파김치. 제주식인 거 같다. 양념 진하지 않고 파 자체의 맛을 우려 익히는 것이. 시원한 맛이다. 섞박지. 깍두기는 아니고, 모양새는 애매하나 맛은 애매하지 않다. 사각거리고 시원하다. 양념이 진하지 않고 무 맛을 잘 살려 담근 무김치, 제주 무맛을 확실히 보여준다.

돼지껍질우무. 맘대로 이름을 붙인다. 처음 만나는 음식, 돼지고기 맛있는 제주에서나 시도할 만한 음식 같다. 껍질을 삶아 굳혀 만든단다. 기름은 빼

신화의 섬 제주문화 찾아가기

고 해서 담백하다. 콜라겐 식감이 좋다. 아주 상급의 음식이 되었다. 요리사의 성의와 음식 눈썰미가 돋보인다.

오이소박이. 전라도 냄새가 난다. 사각거리고 시원하나 양념이 화려하다. 맛도 화려하다. 익지 않은 소박이에 맛도 잘 스몄다. 짜지 않아 부담없이 먹을 수 있다.

'웃뜨르'는 이곳 제주도 중산간을 일컫는 방언이다. 중산간에서 언제부터 이렇게 맛있는 음식을 먹었지? 중산간은 물이 흘러내려가는 곳이어서 저지대에 비해 농사 여건이 좋지 않아, 풍성한 음식이 쉽지 않았다. 이제 이곳에서도 깊이 있고 내력 있는 음식을 먹을 수 있다.

식당에서 1킬로미터도 안 되는 곳에 방림원이 있다. 여미지식물원보다 식물의 생기가 훨씬 강하면서 오밀조밀한 곳이다. 맛있는 식사 후에 생기 있는 식물이 눈 후식이 되어준다.

불맛 가득 흑돼지구이

제주 흑돼지를 멜젓에 곁들여 먹어볼 수 있다. 멜젓을 끓여 양념장으로 먹는다. 비계도 꼬들꼬들하고 질리지 않는 개운한 맛에 멜젓까지 곁들이니 같은 재료로도 이런 색다른 맛을 낼 수 있구나 싶어 신기하다. 육지에서는 접할

명리동식당 064-772-5572
제주시 한경면 녹차분재로 498
주요음식 : 흑돼지구이, 김치찌개

수 없는 맛과 풍미, 제주 여행의 맛이다.

소담스러운 시골 음식이 둥근 상에 차려진다. 소박하기 그지없는데, '명리동식당'은 그래서 이름난 식당이다. 주메뉴인 흑돼지가 맛있고 곁반찬들이 시골스러운 분위기와 맛을 내서 제주도에 깊이 들어온 거 같은 느낌을 여행자에게 선물한다.

고기는 연탄불에 굽는다. 사장님이 구워서 잘라주신다. 두툼한 고기를 옆으로 잘라 구우니 불맛을 제대로 느낄수 있다. 쫄깃함도 배가되는 거 같다. 오는 손님마다 다 해주기는 힘들 텐데, 살짝 염려가 된다. 고기는 고소하고 맛있다. 쫀득거리면서 적당하게 육즙을 품고 있어 양념 없이 고기만으로도 충분히 제주 흑돼지 맛을 제대로 즐길 수 있다.

멜젓을 불에 끓인다. 불에 끓인 멜젓으로 쌈을 하면 돼지고기 냄새도 줄고 맛도 깊어진다고. 끓이는 젓갈은 새로운 요리이다. 삼겹살과 같이 끓이면 잡내는 날아가고 돼지고기에 어울리는 깊은 맛이 남아 고기 맛을 높여준다. 이곳만의 멜젓 먹는 비법인 거 같다.

멜젓은 비양도 꽃멜이 최고다. 젓갈을 담가 오래 두면 다른 멸치는 삭아버리는데, 이것은 살이 단단하여 2, 3년 뒤도 멀쩡하다. 말 타면 견마잡히고 싶다. 다음에는 비양도 꽃멜젓으로 먹어봐야겠다.

상추의 싱싱한 맛이 그대로 보인다. 윤기가 탱탱하게 흘러 아주 토양이 좋은 곳에서 자란 것 같다. 제주는 이곳저곳 모두 한라산인 양 나무가 많고 풀이 많다. 공통점은 토양이 적절해서인지 잎이 유난히 기름지고 반짝인다는 것, 상추도 깻잎도 그렇다. 눈여겨 보니 다른 식당도 상추가 다 이렇게 약간 도타우면서 기름지다. 두툼해서 고기와 먹으니 차진 맛이 나는 거 같다.

고추초절임, 고기와 같이하니 아주 매콤한 맛이 상큼하게 느껴진다. 투박한 시골 계란말이, 맛도 투박하다. 반찬 추가는 셀프, 얼마든지 가능하다. 김치찌개가 유명한 집이다. 그럴 만하다. 너무 시지 않은 김치와 맛있는 돼지고기가 어우러져 상쾌한 맛을 낸다. 고기가 푸지게 들어간 것도 중요 원인인 듯하다. 밥도둑 같은 김치찌개다.

고춧가루도 고추장도 없었던 제주에서 이제는 이렇게 맛있는 김치찌개까지 먹을 수 있다. 토속 식재료와 음식도 전승되지만 육지 음식 맛있는 것도 들여다 제주 음식과 조화를 이뤄내 밥상을 풍요롭게 한다. 이런 변주가 한국 음식을 속속들이 더 풍요롭게 한다.

제주흑돼지는 순수혈통을 유지하는 제주도 고유의 토종 돼지이다. 멸종 상태이던 것을 1980년대에 복원사업을 통해 복구하였다. 가축 전염병에서 상대적으로 안전한 청정 제주 지역에서 사육되어 신뢰도가 높다. 제주 풍토에 잘 적응한 흑돼지는 질병 저항력이 높고 체질이 강해 육질에 탄력이 있으므로 쫄깃거리는 식감을 낸다. 흑돼지는 진안 돼지처럼 '돗통시'에서 자랐지만, 애저 요리는 찾아보기 힘들다.

『삼국지위지동이전(三國志魏志東夷傳)』,『탐라지(耽羅志)』등 옛문헌에서 발견되는 사육에 관한 기록을 통해 그 역사를 확인할 수 있으므로 맛과 역사와 안전성 등을 갖춘 제주도 음식문화의 한 맥을 이루고 있는 식품이다.

식당 인근은 사방이 귤밭이다. 관광용으로 개방하지 않는 동네 귤밭이 천상 별세계의 느낌을 준다. 귤밭에서 먹는 전통의 흑돼지구이가 제주 문화 별세계를 누리게 한다.

서귀포시의 맛집들

금태로 만든 눈볼대조림

'가파도식탁'은 해녀가 운영하는 식당이다. 물질 도구를 장식품처럼 걸어놓아 해녀 문화를 보여준다. 가파도에 가서 물질해 잡은 해물로 요리해서 가파도식탁이다. 식재료가 좋으니 맛이 더 나겠지만, 해물 아닌 다른 찬도 훌륭하다. 전라도 같은 반찬과 전라도 같은 맛의 금태조림 등에서는 음식문화의 교류도 읽힌다.

찬이 나오는데 전라도에 온 줄 알았다. 여러 가지 찬이 전라도 밥상처럼 상위에 그득히 펼쳐진다. 청각, 김, 오징어, 그리고 이름을 알 수 없는 조개살 등등, 바다 내음 담긴 찬들로 그득하다. 뭍과 다른 음식들의 품새가 여기서

가파도식탁 064-732-5332
서귀포시 부두로 27-1(서귀동 726-11)
주요음식 : 눈볼대, 청보리 및 제철생선 요리

는 일상음식인 것 같다. 특별한 음식이 맛은 모두 편안하다.

많은 곁반찬이 아무리 화려하고 맛이 좋아도, 주연은 금태 즉 눈볼대조림
이다. 남해에 주로 산다. 값이 비싸 귀한 생선이라 금태라고 불리며, 제사상
에 오른다. 싱싱한 생선에 감자 맛도 살아 있다. 으깨어지지 않고 제 살 모양
새 갖춘 결이 그대로 입안에서 감지된다. 간도 적절하게 배어 있어 육질의 맛
이 최고다.

제주에서는 맛있는 김치 만나기가 힘들다. 이전에 고추가 귀했기 때문일
것이다. 고추가 귀하니 고추장도 없었고, 고추 넣은 빨간 김치도 없었다. 그
런데 김치가 맛있다. 젓갈 맛이 강하지 않고, 상큼한 맛이 좋다. 맛을 내는 입
맛은 동일한가 보다.

고사리무침. 제주도는 고사리 산지다. 한라산 자락을 오르다 보면 고사리
가 지천이다. 제사상에 콩나물과 함께 반드시 오르는 나물이기도 하다. 꺾고
또 꺾어도 다시 솟아나는 고사리는 자손의 번성을 상징하기도 한다. 5월에는
고사리축제를 한다. 고사리무침에서 제주 향토성을 느낀다.

김무침. 전라남도, 특히 섬 쪽에 가면 많이 만나는 음식이 김무침이다. 김
이 젖어서 졸깃해진 식감에 감칠맛이 좋다. 오징어조림. 고추장 없이 간장에
조렸다. 짜지 않고 탱탱한 육질이 식감도 좋고 맛도 좋다. 손맛이 없으면 이
정도 맛 내기 힘들다.

청각된장냉국. 제주도박물관에도 전시되어 있는 제주도 향토음식이다. 청
각으로 냉국을 만들고, 거기에 된장과 식초가 동시에 들어간 음식은 전국 어
디 가도 만나기 힘들다. 육지와 교류 없이 식생활 문화가 자체적으로 발달한
결과를 가장 전형적으로 보여주는 음식 중 하나다.

고추장은 귀하고, 된장은 흔하다. 콩농사가 주류여서 콩이 흔한데, 또 소금
은 귀하여 물처럼 된장에 소금을 푸지게 넣어 만들기 힘들다. 거기다 일본은
가깝고 교류가 많아 일본 된장의 가벼운 맛이 전달되기 쉬웠을 터이다.

그렇다 쳐도 된장에 식초가 들어가는 것은 예측하기 힘든 조리법이다. 이

것도 육지처럼 된장 맛이 진하면 생각할 수 없는 조화이다. 물회에도 꼭 된장을 넣는 것과 상통하는 조리법이다. 물회에는 된장과 고춧가루를 같이 푸는 경우가 많은데, 이것은 된장만이다.

청각이 질길 거라는 막연한 예측은 빗나갔다. 질기면 냉국 하기 힘들지. 탱글거리고 약간 쫄깃한 식감에 된장도 부드럽게 제맛을 낸다. 제주에 와서 먹는 신비로운 음식이다. 청각은 살짝 데쳐서 무친다. 덕분에 질기지 않고 쫄깃한 맛이 난다.

무청무침. 무청과 된장의 결합이다. 거기다 국물도 잘박하게 있어 여느 나물무침과 다르다. 이 또한 제주의 향토음식이다. 무청나물은 제주도 내 다른 곳에서도 만날 수 있다. 고추장과 함께 무치기도 하나, 이 조합이 더 좋은 거 같다. 상큼한 맛이 입맛을 자극한다.

제주에 와서 처음 만난 군부무침이다. 군부는 제주도말로 '군벗', 표준어로는 군부다. 딱지조개라고도 한다. 제주도에서는 젓갈로 많이 담가 먹는다. 제주에서 주로 나지만 여수나 진도에 가도 먹을 수 있다. 삶아 껍질을 벗겨 무친다. 다른 식당에서는 보지 못했다. 오도독한 식감이 좋다.

부추김치. 뜻하지 않게 부추김치를 만났다. 부추는 제주말로 '세우리', 멸치젓을 이용해 김치를 많이 담가 먹는다. 어려운 음식인데, 제맛이 잘 담겨 있다. 양념이 진해 보여도 기죽지 않은 부추의 맛이 잘 살아 있다. 채 익지 않은 싱그런 맛이 부추 향과 어우러져 일품이다.

가파도 청보리밥. 가파도 보리로 밥을 짓는다고 요란하게 광고를 붙여놓았다. 광고할 만하다. 보리를 많이 넣었는데도 차지고 부드럽다. 매운탕을 먹기에 제격이다. 가파도 청보리의 효능이 여러 가지 적혀 있다. 아쉬운 건 육지 보리와의 차이가 뭔지 나타나 있지 않은 거다.

제주대학교 박물관의 전시품에도 해녀 의복과 도구가 있다. 이전 이형상 목사는 제주 해녀가 맨몸으로 물질하는 것을 보고 옷을 입도록 했다는데, 면으로 된 물소중이 옷을 입다가, 이제는 이런 고무 잠수복을 입고 물질을 한다. 요즘은 그것도 공공기관에서 제공해준다고 한다. 3년마다 한 번씩 제공해주는 잠수복은 보온성이 뛰어나 보다 안전하게 조업할 수 있다.

덕분에 조업 시간이 늘어나 수확도 크게 늘었다. 요즘 해녀가 줄고 있는 것은 힘든 일 기피 현상 때문이지만, 더 근본적으로는 오염으로 물질할 해물이 줄어서이다. 인근에는 잡을 것이 없단다. 해녀 복식은 발달해서 해물을 얼마든지 잡을 수 있는데, 해물은 사라지고 있다. 해녀 복식사와 해물사는 거꾸로 가는 게 아닌가 싶다.

식당 바로 맞은편 골목에는 서귀진지가 있다. 식사 후 한 바퀴 돌면 산책 겸 역사공부다. 조선시대 제주 방어시설인 3성 9진 가운데 서귀포 방어를 담당하던 진지로 탐라십경(耽羅十景)의 하나다.

상큼한 자리돔물회

제주도 자리물회, 물회도 자리돔도 제주 것이다. 물회는 포항과 다른 방식으로 발달한 제주식 향토음식이다. 자리돔은 서귀포의 모슬포와 보목이 최고다. 보목에서 한다 하는 맛집에서 맛보는 자리물회, 과연 기대를 배반하지 않는다.

어진이네 064-732-7442
서귀포시 보목포로 93(보목동 261)
주요음식 : 물회

자리물회, 달지도 짜지도 않고 상큼한 맛이 좋다. 싱싱함이 눈으로도 혀로도 느껴진다. 제대로 된 물회가 이런 거구나 싶다. 엷게 풀어 넣은 된장이 비결인 거 같다. 제주 음식을 관통하는 재료가 된장이다. 육지에서면 젓갈이나 간장으로 낼 맛을 된장으로 내고, 비린내도 잡는다.

소금은 충분치 않고, 쌀도 부족하지만 어디다 심어도 잘 나는 콩만은 지천이어서 짜지 않은 된장을 전천후로 활용한 덕분에 된장은 제주 음식의 바탕이 되었다. 제주도 특산인 향토 식재료에 특별한 제주 요리법, 향토음식의 두 조건을 다 갖추었다.

물회는 신선한 식재료에 푸짐한 양에 깊은 맛까지 갖췄다. 음식에 대한 요구가 모두 충족된다. 무, 오이, 자리돔이 3분한 물회에는 된장을 넣고서도 제피와 고춧가루와 식초를 넣는다. 제주의 특색을 고스란히 담아놓았다. 먹을 것 없던 시절 채소와 된장에 생선을 썰어 말아 먹던 구황식이 지금은 별미 향토음식이 되어 관광객을 부른다.

자리돔이 온전한 이름이지만 제주에서는 돔이 빠지고 '자리'가 된다. 자리돔은 돔의 한 종류다. 참돔, 연무자리돔, 옥돔 등등과 함께 '돔'을 돌림자로 쓴다. 여기서는 돌림자는 빼고 자리물회가 된다. 자리물회는 제주도, 그것도 서귀포에 와야 제맛을 본다. 윤이 자르르 흐르는 자리돔은 경상도에서도 나지만 제주도는 지천으로 많이 나는 주산지다. 그중 남쪽 서귀포 보목과 모슬포에서 나는 자리가 특히 맛이 있으니 서귀포에 오면 자리를 먹어야 한다.

이곳, 앞바다가 잔잔한 보목에서 나는 자리는 작고 뼈가 연해 횟감으로 적당하다. 과연 부드럽고 입에 녹는 기분이다. 기름기가 적어 담백한 맛이 먹기에도 개운하다. 기름기가 적은 만큼 소화도 잘 되므로 먹기에 여러모로 부담이 없다.

파도가 센 모슬포 자리는 구이가 제격이다. 5월 산란기를 앞둔 자리는 4, 5월이 제철, 5월에는 보목에서 자리축제를 한다. 자리물회를 먹어보니 제주도 맛을 절반은 알 거 같은 기분이다.

물미역무침. 초무침이 아니라 꼬들꼬들한 것을 참기름에 무쳤다. 새로워서 좋고 찬으로도 좋다. 한치전. 부추와 부쳤다. 메뉴판에는 한치파전이지만 부추전으로 내왔다. 모양새는 좋은데, 간이 서운하고, 거섶이 적은 편이지만, 먹을 만하다. 한치라는 말에 매료되어 주문했는데 여름이 제철이라 봄에는 제맛내기 어려운가 보다.

부추 맛은 정말 특별하다. 아주 큰 왕부추인데 질기지 않고 부드럽고 향이 좋다. 부추잡채를 해야 할 왕부추인데 전에도 어울린다. 부추무침. 아주 좋다. 적당히 삶아 간도 적당하게 무쳐서 재료의 싱그러움이 그대로 담겨 있다. 부추는 제철이다.

창밖으로 보이는 풍광이 압권이다. 입맛을 돋우는 광경이 시골 식당을 유명하게 만든 또 하나의 이유 같다. 아름다운 제주 바다에 맛있는 제주 음식을 만나니, 여행객이 가장 원하는 호사가 아니겠는가. 눈으로 먹는 풍광은 덤이다. 멀리 섶섬이, 가까이 보목포구가 보인다. 섶섬은 낚시꾼의 명소이다. 바로 앞에 해변 따라 난 데크길은 올레길 6코스이다. 맞은편 식당은 볼레낭개 할망집, 고사리음식이 유명한 집이다.

'어진이네' 식당은 1994년에 개업했다. '어진이'는 '아기'의 제주 방언으로 제주 자장가에도 자주 등장한다. '왕이 자랑 왕이 자랑 우리 어진이 자는 소리', 동네 사람들이 애 키우듯 키운 전형적인 향토식당이다. 식당의 따님 그 어진이도 이제 중년이 되었을 터, 제주 음식 홍보대사의 중추가 되었을 것이다.

이 지역은 전국에서 귤이 가장 많이 생산되는 단지이다. 곳곳에 팻말을 걸고 행인에게 판매를 하는 농장이 많다. 한 농원에서 요즘 수확기라는 카라향을 구입하니 양도 향도 맛도 엄청나다. 볼 것과 먹을 것이 지천인 곳에 식당이 있다.

깔끔하고 귀족적인 옥돔구이

　표선어촌식당 근처에는 제주민속촌과 표선해수욕장이라는 거대 관광지와 명승지가 있지만, 식당은 마을 끝 구석에 있어 한가한 어촌 분위기가 난다. 음식도 딱 그렇다. 토속적인 제주 특유의 소박한 음식을 여유롭게 먹을 수 있다.

　주문한 음식이 다 만족스럽다. 가장 손이 많이 간 음식인 성게미역국을 한 입 맛보니, 와! 감탄사가 절로 나온다. 다른 음식에 대한 기대까지 밀려온다. 성게가 가득하고 노란 내장 색깔이 입맛을 돋구는데 국물 맛은 한번에 삼키기가 아까울 정도로 좋다.

　미역국의 성게 또한 진한 미역 국물과 어우러져 보기에도 탐스럽고, 쫀득한 맛도, 입안 가득 퍼지는 성게향도 일품이다. 이런 국물을 세계 어디에 가서 맛볼 수 있겠는가. 제주 음식이 있어 한식의 다양화가 폭넓게 이루어지는 한 사례를 본다.

　옥돔은 깔끔하고 귀족스러운 맛이 과연 옥돔이구나, 싶다. 배를 갈라 소금을 뿌리고 꾸덕하게 말려 구운 옥돔, 쫄깃하면서도 부드러운 육질이 일품이다. 제주도 산지에 오니 풍미가 더 진하다. 귀족 같은 생선이 섬마을 식탁의 격을 한층 높인다.

　제주 연안에서 잡히는 옥돔은 비린내가 없고, 담백 고소한 데다 영양이 풍

표선어촌식당 064-787-0715
서귀포시 표선면 민속해안로 578-5533
주요음식 : 물회, 생선구이, 성게미역국

부해 도미의 여왕으로 불리며, 예로부터 궁중 진상품으로 유명했다. 흰색, 붉은색, 노란색 중 흰색이 가장 맛이 좋다. 깊은 해저에 사는 옥돔은 회로 먹기 어려워 구이나 찜, 혹은 국으로 먹는다. 국은 미역국이나 호박국으로 많이 먹는다.

회덮밥 맛도 일품이다. 통통한 회와 깻잎이 적당한 양념과 어우러져 상쾌한 맛을 낸다. 제주에 오니 회덮밥도 다르다.

자리돔젓갈, 무청나물 등 뭍과 다른 찬들이 입맛과 호기심을 자극한다. 자리돔젓갈, 뭍에서 쉽게 만나지 못하는 별미다. 옥돔구이와 함께 하니 맛이 상승작용을 한다. 적당히 짠맛에 부드러운 기운이 입안을 감싼다.

제주에 와서 사랑하게 된 무청나물은 어린 잎을 골라 무친단다. 민속촌 오는 들녘, 성읍민속마을 무밭에 푸른 무청이 한창이더니 이렇게 밥상에 올라와 앉았다. 된장을 많이 넣고 무쳤다. 삶으니 열무김치와 완전 다른 맛이다. 적당히 질기고 적당히 부드럽다. 된장 기운이 무청의 맛과 어울린다. 약간 쌉소롬하기도 한 무청의 풍미가 향기롭다.

무청이 열무김치 외에 시래기로만 먹기는 아깝다는 평소 생각은 제주에서는 할 필요가 없었던 거다. 제주는 이처럼 먹거리를 놓치지 않고 좋은 음식을 만들어 낸다. 마늘종은 대롱이 아닌 줄기로 해서 다른 식감을 낸다. 식당 가득한 동네 손님들도 식당에 대한 신뢰를 높인다.

식당 옆 선창은 당케포구다. 앞쪽 긴 길이 등대로 통하는 방파제다. '당이 있는 케(경작지)'라는 의미인데 여기서 '당'은 '할망당'을 가리킨다. 조선 시대부터 어업과 무역이 이루어진 포구다.

프랑스 남쪽 발레리 고향 세트보다 낫다. 「해변의 묘지」 시의 배경이자, 시인 자신이 묻힌 항구 세트는 생활이 낭만을 압도한다. 해돋이 명소로도 알려진 당케포구는 옆에 표선해수욕장을 끼고 있는 절경이기도 하다. 절경이 품은 생활과 낭만의 아름다움은 가히 비할 곳이 없다. 거기 이렇게 수더분한 음식까지 있으니 일러 무삼하리오.

식전에 제주 민속촌을 돌아보고, 식후에 포구의 하얀 등댓길을 후딱 돌아 제주에서 가장 넓은 백사장 길을 천천히 걸으면 세상 이보다 더한 호사가 있을까 싶다.

귤을 가미한 돼지주물럭

성읍칠십리식당은 성읍민속마을 맛집이다. 유명 관광지답지 않게 소박한 집이어서 푸근한 느낌이 좋다. 여러 음식에 귤을 가미하여 새로운 제주 음식을 만들어낸다. 곁반찬에서도 제주도 별미를 맛볼 수 있다. 꿩감자국수의 꿩 풍미가 일품이다.

토속적인 제주 풍미를 여러 가지 찬에서 접할 수 있어 좋다. 주물럭은 돼지고기의 쫄깃거리는 식감이 좋다. 콩나물과 고사리를 넣어 맛을 낸다. 고사리는 제주 특산품이다. 이즈음 사람들은 모두 고사리를 따러 중산간으로 나선다. 밭 재배도 성공하여 구하기가 용이해지기도 했다. 고사리와 콩나물을 넣으니 재료도 맛도 풍성해진다.

감자꿩칼국수는 제주에 오면 꼭 먹어야 하는 음식이 아닐까. 식재료와 국물과 조화로운맛이 대단하다. 감자로 만든 쫄깃한 국수는 국물 맛을 잘 머금고 마지막 한 젓갈까지 쫄깃거려 씹는 기쁨과 입속에 우러나 고이는 맛으로

성읍칠십리식당 064-787-0911
서귀포시 표선면 성읍정의현로 74(성읍리 580)
주요음식 : 토종흑돼지

흡족한 느낌을 준다.

닭과는 다른 꿩의 풍미와 국수가 이렇게 잘 어울릴 수가 있나. 제주에서는 노루와 꿩이 많이 난다. 노루는 노린내가 나서 먹기 쉽지 않지만 꿩은 닭고기와 비슷한 맛으로 오래전부터 먹어왔다. 살이 닭보다 적어 먹기가 좀 불편하지만 훨씬 농축된 맛이 나면서 닭과 다른 풍미가 나서 누구나 선호하는 식재료다.

육지에서는 음식에 들어가는 꿩은 모두 닭으로 대체되었고, 수안보 정도나 가야 맛볼 수 있다. 꿩 대신 닭이 된 지 오랜 육지와 달리 여전히 꿩요리는 꿩으로 하는 곳 제주, 덕분에 맛의 시원지에 온 느낌이 든다. 꿩엿과 꿩탕은 오늘날도 만드는 제주의 대표적인 꿩음식이다.

번행초무침. 제주에서 나는 번행초, 두 번째 만난다. '바다의 상추'라는 번행초는 방풍나물과 함께 남부 해안에서 해풍을 받고 자란다. 그냥 삶아 소스를 곁들여도 맛있는데 이렇게 된장에 무쳐내니 제주 조리법이 가미된 진짜 향토음식으로 격상된다. 향이 강하지 않고 부드럽다. 된장과 잘 어울리는 풍미다. 소소하게 제주 특산물 만나는 이런 재미도 제주 밥상이 주는 기쁨이다.

된장콩조림. 여기 콩조림은 대부분 된장콩이다. 푸른콩장이 노아의 방주에 올랐다고 유명한데, 푸른콩장은 아니어도 제주에서 된장콩은 중요한 식재료다. 농사가 쉽지 않아 콩을 많이 심었고, 그래서 된장을 많이 먹었고, 된장 물회나 된장국을 많이 먹어 된장은 제주음식의 아이콘이 되었다.

기후와 풍토가 음식에 얼마나 절대적인지 보여주는 대표적인 식재료가 제주의 콩이다. 된장콩조림은 기본 상차림에 가장 많이 등장하는 찬이어서 빠지면 제주밥상 아닌 거 같을 정도다. 맛도 향긋하고 쫀쫀하여 좋다. 된장국도 일품이다. 짜지 않고 부드럽고 깊은 맛이 난다. 콩 음식이 다 좋다.

귤갓김치. 이 식당의 주제는 귤이다. 샐러드에는 물론이고 심지어 갓김치에도 들어간다. 귤 농사는 푸진 데다, 맛도 좋아 어디서나 맛을 내주고 제주다움을 살려줄 거라는 믿음이 있는 거 같다. 그렇게 귤김치가 탄생한다. 고춧가루 묻은 귤이 아직 조금 낯설지만 제주 음식의 확장이 신선하다. 부드럽고, 향도 연하게 담고 있어 제주의 풍미를 또 다르게 보여준다.

상호에 들어간 '칠십리'는 '서귀포칠십리'를 말한다. 정의현청이 있었던 현재의 성읍마을 바로 이곳에서 서귀포구까지의 거리 70리를 말하는 개념이었다. 70리 길은 거의 인가 없이 바다에 면해 이어지다 서귀포에 도착한다. 인간세에서 아득히 떨어진 그곳은 끝없이 아름다운 곳이라 당면하는 생활의 고난도 말하기 어려웠다.

일제시대 고달픈 시절에 평화로웠던 그 시대를 그리워하며 노래로 불러 칠십리는 점차 시원적인 고향과 어려운 인간의 현실계를 함께 아우르는 서귀포 사람들의 정신적 상징이 되었다. 숭고와 고난의 상징인 칠십리의 서귀포는 1938년에 조명암의 노랫말, 박시춘 작곡에 남인수의 노래 〈서귀포 칠십리〉로 불리면서 전국에 알려졌다. 그러면서 서귀포는 우리 모두의 고향이 되었다.

> 바닷물이 철썩철썩 파도치는 서귀포
> 진주 캐는 아가씨는 어디로 갔나
> 휘파람도 그리워라 뱃노래도 그리워
> 서귀포 칠십리에 황혼이 온다

서귀포 식사를 한 후에는 〈서귀포 칠십리〉를 부르면서 칠십리 시발점인 성읍마을을 한 바퀴 돌아볼 일이다. 그 정의현청이 바로 이곳에 있다. 서귀포에서는 칠십리로 이름붙인 갖가지 지형물을 만들고 축제를 하며, 문학상도 만들어 칠십리를 누리고 있다.

향이 진한 성게미역국

'머체왓식당'이라는 상호에서 '머체왓'은 돌밭이라는 의미란다. 이곳 숲길의 이름이기도 하다. 이름은 희한하지만 맛은 보편적이다. 집밥같이 편안한 음식, 성의 가득한 음식이 나온다. 풍년초, 새로운 식재료도 만난다. 전체적인 상차림에서는 육지 분위기가 많이 난다.

집밥 먹는 기분, 정확히는 제주 식재료로 만든 육지 음식을 먹는 기분이다. 특히 비빔밥, 김치찌개, 채소전 등은 육지음식과 별로 다를 바 없다. 입맛을 돋구는 화려한 그릇 색깔도 제주 분위기는 아니다. 늘어나는 육지 이주민과 관광객들이 이끄는 제주 음식의 변화로 보인다. 성의를 다한 상차림만은 변하지 않는다.

성게미역국은 그중에서도 가장 돋보이는 음식이면서 제주 색깔을 보여준다. 역시 제주 음식상이다. 제주도 전역에서 가장 쉽게 만나는 국, 단품음식으로도 곁반찬으로도 어울리는 편안한 음식이다. 여러 차례 먹으니 육지의 소고기미역국을 잊게 하는 국이다. 진한 성게향 국물이 간도 맞아 좋다.

채소해물전. 채소도 해물도 풍성하다. 성의를 다한 전이다. 채소의 풋풋한 느낌도 풍미를 살린다. 해물의 싱싱함과 통통 튀는 식감이 좋다. 미역에 당면을 싼 새로운 아이템의 한입 음식, 제주도에서 개발할 만한 음식이다.

김치찌개. 단맛이 남아 조금 섭섭하지만 흑돼지 졸깃한 고기 식감은 좋다.

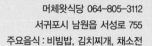

머체왓식당 064-805-3112
서귀포시 남원읍 서성로 755
주요음식 : 비빔밥, 김치찌개, 채소전

비빔밥은 다양한 나물류가 보기에도 좋고 맛도 풍성하게 한다. 멸치조림. 육지처럼 물엿을 넣어 졸였다.

시원한 맛 무김치가 생김도 시원시원하다. 풍년초. 처음 만나는 나물, 환상의 맛이다. 텁텁한 듯한 나물 식감에 된장 기운이 좋다.

식당은 숲길 안내소 건물에 있다. 마을공동체의 관리가 잘 되는 숲길, 좌우가 각각 2킬로 3킬로 코스이고 평탄한 편이라 걷기가 비교적 용이해서 식후에 걷기 좋다. 들어가면 바로 아름다운 나무 한 그루가 만드는 포토존을 만난다. 머체왓을 걸은 징표를 만들 수 있다.

이곳에도 예외 없이 묘지가 있다. 평지에 돌담 두르고 안에 봉분을 만드는 제주 전통 매장 풍속, 돌담의 두께로 집안의 위세를 가늠했다는데, 돌의 크기와 갯수는 모두 노동력의 결과물이라 여유 있는 집은 겹으로 싸고 굵은 돌로 싸고, 아니면 그냥 한 겹 작은 돌로 싸고.

요즘은 공원 묘지를 많이 이용하지만, 전통적인 돌담 묘지는 아직 사방에서 밭처럼 일상 공간을 이루고 있다. 자연지형으로 관광지를 이루는 산굼부리의 가운데에도 있던 돌담 묘지, 그 묘지도 관광지의 일부가 되어 있었다. 사람도 살아서도 죽어서도 자연의 일부임을 제주 돌담 묘지 형식에서 다시 본다. 제주 자연 밥상을 만나는 나도 자연의 일부이다.

자리물회의 본산

해안가 시골마을 '공천포식당'에는 사람도 차도 가득이다. 맛집으로 이름이 높아지면 어떤 일이 일어나는지 보여주는 거 같다. 음식을 보니 더 번창할 듯하다. 제주 토속음식이 더 많이 알려질 거 같아 흐뭇하다.

물회를 제대로 먹고 싶다면 단연 추천할 만한 곳이다. 얼마나 묵었는지, 얼

공천포식당 064-767-2425
서귀포시 남원읍 공천포로 89(신례리 27-5)
주요음식 : 물회, 회덮밥

마나 세련됐는지를 함께 보여주는 음식과 상차림이다. 밀려드는 손님에도 상차림이 허술하지 않고 성의와 능란함을 함께 보여준다.

자리물회의 본산 서귀포답게 이곳저곳 다 맛이 대단하다. 자리물회는 지금이 제철(2022년 5월에 방문했다), 물회를 먹을 수 있는 자리는 이곳 서귀포가 본산이다. 특히 서귀포 보목의 자리가 부드러워 물회로 적당하고 모슬포 자리는 센 물살 덕분에 조금 억세서 구이, 조림, 젓갈에 적격이라며 서로 역할 분담을 하고 있다. 물회를 먹으려면 이곳에 와야 한다는 말이다. 공천포구는 보목포구의 이웃이다.

보목의 어진이네 횟집 물회는 여기보다 모양새와 맛이 조금씩 더 화려하다. 이곳 공천포식당은 부드럽고, 된장 기운도 느껴지나 콩 알갱이는 씹히지 않는다. 고춧가루도 양념도 진하지 않게 묻어 있다. 오이와 무를 넣는 것은 자리물회의 공통인데, 단순한 거 같은 맛의 조화는 대단하다. 이런 것을 손맛이라 할까, 예술이라 할까.

자리철인 4, 5월에 만나는 물회는 최고의 맛을 보여준다. 좋은 음식도 인연이 있어야 만날 수 있다. 자리는 제주 대표 생선이고, 자리물회는 제주 대표음식이다. 제주에 오면 5월 보목에서 자리물회를 먹어야 한다.

자리는 기름기가 적어 소화도 잘 되는 고단백 식품이다. 또 뼈째로 먹는 생선으로 작은 자리는 아예 머리까지 다 먹을 정도이기 때문에 칼슘과 철분 등 무기질을 풍부하게 섭취할 수 있다. 자리물회 다섯 그릇이면 보약 없이 여름을 날 수 있다는 보양식품으로 성장기 아이들이나 환자들에게도 좋은 식품으로 알려져 있다.

'자리'는 이동하지 않고 한 자리서 모여 산다고 해서 붙여진 이름이다. 따뜻하고 얕은 바다에서 떼를 지어 몰려 다니므로 잡는 것이 아니라 뜨거나 거린다고 한다. '거린다'는 그물로 잡아 올린다는 뜻이다. 그물도 제주에서 많이 쓰는 국자 '사둘'을 이용해서 '테우'를 타고 다니며 퍼올렸다. '사둘'은 긴 장대에 그물을 국자처럼 매단 것을 말한다. 지금도 자리는 보트 두 척을 이용해 '들망'으로 떠서 잡는다.

전복회덮밥을 주문했다. 재료가 떨어진 음식들은 주문이 불가능하나, 다행히 전복회덮밥은 주문이 가능하다. 전복은 물론 다른 부재료도 선미 등은 나무랄 데가 없으나 음식 솜씨를 깊이 보여주기에는 한계가 있는 음식이다.

비빔밥은 밥을 넣기 전에 거섶들에 먼저 간이 들도록 양념초장을 치고 섞어둬야 한다. 어지간히 섞은 후에 밥을 넣고 비빈다. 아주 훌륭한 비빔밥이 되었다. 전복의 쫄깃한 맛이 채소 거섶 사이로 충분히 감지된다.

된장미역국은 일본의 미소시루를 생각나게 한다. 된장의 섬세한 입자가 맛을 부드럽게 한다. 신선한 미역 건더기가 적당히 씹히는 맛이 좋다. 잔멸치조림. 제주에서 가장 흔하게 만나는 곁반찬이다. 잘깃한 식감에 간도 좋다. 눈에 띄는 것은 바로 김치. 새콤한 맛에 사각거리는 식감으로 식사가 유쾌해진다. 생김치만 먹는 사람도 충분히 만족할 것 같다.

밥이 아주 좋다. 갓 지어낸 밥내를 담은 데다 쫄깃한 밥알의 식감도 좋다. 성의 있는 음식 속에 유명 식당의 거만함은 없고 전문가의 솜씨가 먼저 보인다. 늦지 않았는데도 소진된 메뉴가 많은 건 선택의 폭을 줄여 섭섭하다. 항상 신선한 재료를 사용한다는 반증이겠으나 찾아간 손님의 수고는 어떡하나.

식사 후 내려다보는 공천포 해변은 검은 화산돌과 검은 모래로 가득하다. 저 속에 자리가 있을까 싶은데, 여전히 자리는 한곳에서 자리 잡고 살고 있어 상에 오른다. 조선 후기 200년 출륙금지령에 제주인들은 떠나지 못하고 제주에 자리 틀고 향토 식재료에 향토 요리법으로 향토음식을 자리 잡게 했다. 뭍 것인 고춧가루 없는 제주물회를 맛보며, 이제는 아픈 기억마저 자산으로 삼는 제주의 풍요에 감사한다.

고등어의 변신, 고등어회

국민생선 고등어가 이런 변신이 가능한 줄 몰랐다. 조림이나 구이용 생선인 줄 알았지, 횟감이나 국거리용이라고는 생각 못 했다. 요리법 외에 맛으로도 뒤통수를 때린다.

깔끔한 상차림에 주역인 고등어회와 고등어국이 화려하다. 곁반찬은 모두 고등어회를 맛있게 먹게 하라는 임무를 띠고 있다. 하지만 밥과 김과 야채무침은 고등어회를 빛내주면서 제 스스로도 빛난다.

빛나는 고등어 육질을 먼저 보자. 쫀득거리고 빛나는 육질과 피부의 조합이 고등어는 절대 횟감이 아니라는 견고한 선입견을 깬다. 조금만 신선하지 않아도 비려 먹기 힘들다지만 신선한 고등어는 생선회의 귀족이 된다. 모슬포항을 비롯한 제주도 인근의 풍부한 해초밭을 만나면 고등어는 새우와 멸치 대신 해초로 먹이를 바꾸어 스스로 질 좋은 회로 변신을 한다.

구례 하동에서 만나는 봄의 벗굴만큼이나 놀라운 음식이다. 벗굴은 색다른

미영이네 064-792-0077
서귀포시 대정읍 하모항구로 42
(대정읍 하모리 770-29)
주요음식 : 고등어회

식재료로 충격을 주지만, 고등어회는 노상 만나는 평범한 식재료가 신분 상승을 해서 충격을 준다. 식재료에 대한 고정관념을 바꾸어야 하는 것은 회뿐만 아니라 고등어국도 마찬가지다.

밥은 기름깨소금으로 살짝 무쳐서 접시에 깔아준다. 싸먹기 좋은 김밥 재료가 되고, 고등어회의 밑바탕이 되어준다. 양파미나리초무침. 새콤달근한 야채무침은 고등어회와 함께 먹기 좋다. 싱싱한 채소가 적절한 소스를 만나 횟감의 새롭고 화려한 부재가 된다. 생선과 함께하면 풍미가 더 살아나고 믿음직한 미나리가 더욱 빛이 난다. 젓갈의 진한 맛은 고등어가 행여 담고 있을 비릿한 맛을 말끔히 정리한다.

어떻게 다양하게 고등어회를 즐길 것인가 즐거운 고민을 하다 보면 탕을 먹을 차례가 된다. 탕은 국의 높임말, 고급 재료가 들어가면 국이 탕이 된다. 회 뜨고 남은 서더리로 끓인 탕은 그런 의미에서 '국'이 더 적절한 말이 아닌가 한다. 그 흔한 배추에 된장을 더해 끓인 국이니 국이 여러모로 더 적당할 것 같은데 관습적으로 탕이라 한다.

탕으로 나온 것은 고등어에 배추를 넣은 고등어배춧국이다. 제주에서는 생선에 배추를 많이 넣는다. 이 또한 육지에서는 만나기 힘든 조합, 엷은 된장 시래깃국을 끓이는 셈인데, 그 안에 주재료로 고등어를 넣는다. 배추와 된장의 조합이 아주 좋다. 그러나 식어도 먹을 수 있을까. 다음 끼니 데워서도 먹을 수 있을까, 새로 겹으로 이는 의문에 그렇다고 답할 자신은 없다. 고등어가 신선해서 가능한 음식이다.

이 시골 항구에 식당이 즐비한데 다른 집들은 오늘 쉬거나 별 손님이 없는데, 미영이네 이 집만 미어진다. 먹고 나니 해가 똑 떨어지고 8시가 다 되었는데도 손님이 여전하다. 귀한 음식에 좋은 솜씨인 것을 사람들이 다 안다.

누군지 모르는 사람들의 사인이 즐비하다. 사인 벽보의 유행이 여기서도 이어진다. 누군지 모르지만 엄청난 선구자들, 그리고 식당에 밀려드는 슬기로운 사람들 덕분에 이 집은 앞으로도 유명세를 이어가며, 고등어회도 알리면서 순항할 것이다.

고등어회는 당당하게 주요 메뉴, 혹은 제주 토속음식으로 좌정하여 한식의 저변을 넓히고 있다. 한식의 다양성에 제주가 얼마나 중요한 역할을 하는지 알려준다. 유난스럽게 맛집을 찾아내는 중생들의 취미가 음식문화의 역동성을 키운다. 제주의 힘을, 한국의 힘을 키운다. 그렇게 한 개의 벽돌을 쌓으면서 삶의 질을 높여나가는 것이라 생각한다. 누구든 여유롭게 살 권리가 있다.

이곳 모슬포는 방어가 유명한 곳이다. 모슬포항은 천혜의 어장을 가진 항구이다. 10월부터 2월까지 방어철에 오면 방어도 즐길 수 있다. 11월에는 방어 축제를 한다. 가파도와 마라도를 가는 배도 이곳에서 출항한다. 모슬포항에서 마라도 남쪽에 이르는 바다는 방어·참돔·옥돔·감성돔·삼치·우럭·전갱이 외에 멸치 은갈치, 다금바리 등의 다양한 어족이 서식하는 황금어장으로 알려져 있다.

4, 5월 가파도의 청보리는 아름다운 풍광을 이루지만, 건강식 먹거리이기도 하다. 모슬포 인근은 아름다운 풍광과 경승지에 최고의 음식까지 철마다 갖추고 있는 곳이니 여행자에게 이만한 황금 노선도 드물 것이다.

전복보다 맛있는 오분자기회

푸짐하고 맛있다. 간결한 메뉴와 실속 있는 상차림에 맛도 제대로여서 경영과 솜씨가 다 돋보인다. 시흥해녀의집이라는 상호대로 해녀들의 어촌계에서 경영하는 식당이다. 생산자가 가공까지 담당하며 직접 소비자를 만난다. 높아진 이윤과 성의 덕분에 손님도 푸진 인심과 손맛을 누리니 누이 좋고 매부 좋고다.

조개죽과 오분작을 골랐으니 최고의 메뉴를 선택한 거 같다. 제주에서 전복죽은 흔하지만 조개죽 찾기는 의외로 쉽지 않다. 더구나 진하고 고소하며

시흥해녀의집 064-782-9230
서귀포시 성산읍 시흥하동로 114
주요음식 : 조개죽, 오분자기회

바다 내음 잔뜩 담은 조개죽에 제주산 오분작을 만나니 다양한 식재료로 제
주의 정수를 맛보는 기분이다.

오분작은 제주 근해에서 주로 나는 제주 특산물이다. 전복은 깊은 바다에
서 나고 양식도 하지만, 오분작은 얕은 바다에서 나고 양식이 되지 않으니 자
연산만을 만나게 된다. 거기다 최근에는 오염으로 수확이 많이 줄었다. 전복
보다 훨씬 귀한데도 이처럼 큰 접시로 가득이다. 인심까지 얹어 제주를 제대
로 맛보는 느낌이다.

오분작은 오분자기, 오분자귀, 오분작이라고도 하나 사실 표준어는 '떡조
개'이다. 하지만 '떡조개'는 오히려 거의 쓰지 않는 거 같다. 여기서는 '오분
작'이라고 한다. 오분작은 숨구멍이 평평하게 구멍만 나오고, 껍데기는 대부
분 붉은빛을 띤다. 전복과 달리 천천히 자라며 다 커도 이 정도라 새끼 전복
같다. 대신 농축된 맛을 보여 탱탱하고 쫄깃한 맛, 고소한 맛은 전복보다 더
하다. 살짝 데쳐 나와 먹기 좋다. 영양은 전복과 비슷하다는데 맛은 더 고소
하고 쫄깃한 식감이다.

식당 창가로 송난포구를 넘어 보이는 섬이 우도, 이 앞바다가 오분작의 주
요 서식처이니 그야말로 산지에 와서 맛을 보는 셈이다. 맛이 더 인상적으로
느껴진다. 여행의 의미도 배가된다.

조개죽. 간판음식답다. 부드럽고 풍부한 맛, 수없이 먹어온 전복죽보다 더
향기롭고 매혹적이다. 때로 씹히는 잘근잘근 조갯살이 식감을 더 근사하게

만든다. 전복죽의 명성에 가려진 조개죽의 진면목을 발견하는 기분이다.

미역무침, 꼬시래기무침, 톳냉국 등은 바다를 밥상으로 옮겨온 기분이 든다. 생된장을 풀어 만드는 톳냉국은 제주도의 대표적인 음식이자 조리 방법이다. 사과를 넣은 것은 육지 음식과의 타협이다. 깍두기와 무생채는 제주무의 풍미를 보여준다. 특히 깍두기는 무의 자연 맛이 그대로 살아 있으면서 시지도 않고 사각거리며, 양념이 무겁지 않고 시원한 맛이 나서 좋다.

제주도에는 여기저기에 해녀의 집이라는 식당이 있다. 여기에 지명이 붙으면 해녀 어촌계가 운영해서 생산자와 소비자가 직거래하는 장이 된다. 원재료 가공으로 부가가치가 창출되므로 생산자의 이윤은 더 커진다. 소비자 또한 신선한 식재료와 저렴한 가격을 기대할 수 있는 데다 이윤을 고스란히 직접 생산자에게 전한다는 보람까지 느낄 수 있어 일석3조다.

제주도의 소비자는 여행객이다. 여행객의 소비는 대기업에 이윤이 몰리는 다른 사업과는 달리 구석구석 다양한 생산자를 직접 찾아 전달하므로 분배 효과를 더 키운다. 여행객이 토속 맛집을 찾아야 하는 또 다른 이유이다.

해녀의 집은 맛이 기대에 미치면 성공하기 쉬운 경영 형태라 하겠지만, 모두 성공하는 건 아니다. 맛도 양도 가격도 다 실망스러운 곳도 있다. 이러면 고객의 배신감은 더 커진다. 이 집은 위치에 대한 기대까지 충족시키며 성공을 이루는 모범적 사례다. 식당 경영 방식도 귀감이 되었으면 좋겠다.

제주삼합의 황홀한 맛

전라도처럼 화려한 밥상이 눈에 띈다. 제주 식재료와 전라도의 풍성한 손맛이 만나 삼합이라는 이름으로 문어 요리가 신천지를 연다. 조리법이 참신하고 소스 맛이 훌륭하여 황홀한 한끼를 즐길 수 있다. 제주 음식의 파장이 커지는 것을 목도한다.

순천미향 064-792-2004
서귀포시 안덕면 사계남로216번길 24-73
주요음식 : 성게미역국 등 제주 토속음식

화려한 것은 시각만이 아니다. 미각도 그렇다. 제주도 전통음식은 아니나
새로운 실험이 기대되는 음식이다. 이름하여 제주삼합, 별칭은 '제왕삼합'이
다. 통으로 나오는 제주 돌문어 맛을 제대로 볼 수 있다. 동해에서는 피문어,
남해에서는 돌문어가 난다. 제주 문어도 돌문어다.

삼합은 홍어삼합으로 알려진 섭취 방식이나 요즘은 장흥삼합을 비롯, 여기
저기 다양하게 새로운 조합을 만들어 '삼합'이라는 이름을 사용한다. 제주에
서 삼합은 처음 만난다. 순천미향의 다른 음식은 일반적 제주음식인데, 이것
은 새로운 실험을 간판음식으로 삼고 있다. 새 음식이라고 불안해할 것은 없
다. 일단 익숙한 식재료들이고, 각각의 식재료는 다 맛난 것들이니, 그 맛이
어디 가겠는가. 거기다 소스를 식재료보다 더 자랑하고 있으니 일단 믿을 만
한 음식으로 생각된다.

과연 산해진미가 다 들어 있다. 문어와 전복과 돼지고기다. 셋을 같이 넣고
적당히 맵고 달콤한 맛으로 비벼놓은 소스가 일미다. 식재료가 주인공인지
소스가 주인공인지 모를 정도로 소스가 요란하고 맛있다.

다른 반찬들도 다 제몫의 맛을 낸다. 먹을 만한 데다 모양새도 어지간하다.
깻잎장아찌가 아주 좋다.

음식에 못지않게 풍광이 한몫한다. 앞을 보면 하멜이 들어온 용머리해안,
뒤를 보면 절이 가득한 산방산이다. 식당 입구의 너른 주차장은 산방산의 덤
이다. 산방산은 중국 오대산처럼 절이 연이어 있다. 보문사 뒤로 산방사, 광

명사를 이어 산방굴사가 높은 곳에 있다. 보문사의 청동약사여래대불은 멀리서도 보인다. 금강산도 식후경이라는데, 식당에서 바라볼 수 있으니 식전경도 가능하다. 식후경으로 보면 화려하고 늘어진 구경거리가 된다. 최고의 구경거리들이 힘들이지 않고 볼 수 있게 조붓이 모여 눈앞에 있으니 이런 사치가 없다. 식후경을 미리 보니 식탁의 입맛까지 높아진다.

신화의 섬 제주 문화 찾아가기

인쇄 · 2025년 2월 25일
발행 · 2025년 3월 5일

지은이 · 조동일, 허 균, 이은숙
펴낸이 · 한봉숙
펴낸곳 · 푸른사상사

주간 · 맹문재 | 편집 · 지순이 | 교정 · 김수란, 노현정 | 마케팅 · 한정규
등록 · 1999년 7월 8일 제2−2876호
주소 · 경기도 파주시 회동길 337−16 푸른사상사
전화 · 031) 955−9111(2) | 팩스 · 031) 955−9114
이메일 · prun21c@hanmail.net
홈페이지 · http://www.prun21c.com

ⓒ 조동일 · 허 균 · 이은숙, 2025

ISBN 979−11−308−2227−3 03300
값 25,000원